企业一套表联网直报

工作手册

国家统计局统计设计管理司 编著

中国统计出版社
China Statistics Press

图书在版编目(CIP)数据

企业一套表联网直报工作手册 / 国家统计局统计设计管理司编著. —— 北京 : 中国统计出版社, 2013.7

ISBN 978－7－5037－6841－5

Ⅰ. ①企… Ⅱ. ①国… Ⅲ. ①企业管理－统计报表制度－中国 Ⅳ. ①F272.2

中国版本图书馆 CIP 数据核字(2013)第 131955 号

企业一套表联网直报工作手册

作　　者/国家统计局统计设计管理司
责任编辑/尹　伊
封面设计/闫　岩
出版发行/中国统计出版社
通信地址/北京市丰台区西三环南路甲 6 号　邮政编码/100073
电　　话/邮购(010)63376909　书店(010)68783171
网　　址/http://csp.stats.gov.cn
印　　刷/河北天普润印刷厂
经　　销/新华书店
开　　本/880mm×1230mm 1/16
字　　数/168 千字
印　　张/9.25
版　　别/2013 年 7 月第 1 版
版　　次/2013 年 7 月第 1 次印刷
定　　价/30.00 元

《企业一套表联网直报工作手册》编辑委员会

前　言

为进一步提高统计能力、统计数据质量和政府统计公信力，国家统计局按照“改革创新、规范统一、公开透明”的总体要求，积极推动以企业一套表改革为核心的统计“四大工程”建设。从2011年年报和2012年定报起，全国约70万家企业通过互联网直接向国家数据中心或国家认定的省级分中心报送企业原始统计数据，有效增强了统计数据的抗干扰能力，提高了数据质量。

国家统计局通过多种渠道广泛宣传，加强沟通，积极协调，使企业一套表改革得到了地方各级政府和有关部门的大力支持，赢得了广大企业的理解配合，形成了改革的强大合力，确保了企业一套表联网直报工作的顺利实施。自2012年年初正式实施以来，各业务流程环节总体运行顺畅，初步实现了统计生产方式的重大变革，改革初见成效。

一是初步建成真实完整、及时更新的基本单位名录库。制定了基本单位名录库建设维护和使用管理的相关规定和实施细则，建立了统一认定年定报统计调查单位的工作机制。涵盖全国规模以上工业、有资质的建筑业、限额以上批发零售业和住宿餐饮业等“三上”企业、房地产开发经营和重点服务业企业的统一的调查单位名录库已基本建成。

二是建立了统一规范的企业一套表制度。系统清理了所有针对企业的统计调查报表，初步建立起企业一套表统计调查核心指标体系和主要元数据标准，统一了不同专业报表中相同指标的名称、涵义、计算方法、分类标准和统计编码，建立了满足统计调查需求和联网直报企业填报要求的电子化企业一套表报表制度和分行业统计报表。

三是开发了较为方便适用的数据采集处理软件。按照“功能完善、方便使用、标准统一、友好兼容”的软件开发总体要求，结合各专业的需要，组织开发了供各级统计机构统一使用的企业一套表数据采集处理软件，基本能够满足各级统计机构在线采集、审核验收、返回查询、加工汇总和存储共享等业务需求。

四是建立了较为安全高效的联网直报系统。拓宽了互联网出口带宽，扩容更新了系统设备，整合优化CA安全认证系统，构建起全国统一的企业联网直报系统。实现了18个省（区、市）的企业通过互联网直接向国家数据中心报送数据，13个省（区、市）的企业通过互联网向省级分中心报送数据，国家同步抓取原始数据。

通过实施企业一套表联网直报，大幅减少了多头布置和重复报送，减轻了企业的负担；企业通过互联网直接报送数据，有效解决了跨地区、跨专业重复和部分环节对统计数据的干扰，统计数据质量明显提高；国家任务通过网络直接布置，企业数据直报国家，各级按权限在线共享，增强了调查效能；通过统一的名录库、规范的业务流程、统一的一套表制度和处理软件，大大地提高了统计工作的规范化和标准化程度。

企业一套表联网直报的成功实施，标志着这项改革取得了重要的阶段性成果。下一步，将在巩固现有成果的基础上，认真总结经验，查找问题，研究提出解决办法，继续做好巩固提高和深化拓展工作，将改革推向深入。

一是要继续做好企业一套表联网直报相关各项工作。继续完善基本单位名录库，健全调查单位管理制度，确保调查单位总量和结构方面的信息准确完整和及时更新；进一步完善企业一套表调查制度，优化设计，加强对统计指标、报表、标准和业务流程的规范统一，确保更加适合调查对象填报；深度改进和优化数据采集处理软件和联网直报系统，提高处理能力和效率，增强系统的稳定性和安全性，使其更加符合企业报送要求和统计用户的工作需求。同时，要加快国家统计局异地灾备系统、各省双机热备系统以及统计涉密网的建设，为继续推进这项改革提供更加坚实的工作条件。继续加大联网直报数据质量的控制力度，坚持差错数据必须返回企业修改，完善经常性的联网直报数据质量核查机制。进一步健全各项法律保障和工作制度，建立企业一套表改革的长效机制。

二是继续深化改革，稳步拓展企业一套表联网直报的范围。目前，企业一套表应用于“三上”企业、房地产开发经营和重点服务业企业，在推进相关工作的同时，还要提前考虑进行深化和拓展，以增强工作的主动性。下一步将把企业一套表联网直报的范围逐步推广到所有以企业和行政事业单位为调查对象的统计调查。积极拓展联网直报系统的服务功能，努力为企业提供国际、国内相关宏观经济信息、行业运行信息和统计咨询服务，以取得企业的更大支持。同时，企业一套表联网直报的实施，已经在很大程度上改变了统计工作流程。要相应考虑改革调整统计组织机构和工作模式，以便更好地适应统计生产方式的变化。

企业一套表改革是“十二五”时期我国政府统计一项极其重要的战略性任务，事关统计工作全局。各级统计机构、统计人员以及广大统计调查对象面临统计“四大工程”

建设的新任务、新形势和新要求，需要迅速转变思维模式和工作方式，积极研究和思考新问题，探索和实践新思路和新方法，不断把企业一套表改革推向深入。为适应这一要求，我们组织编写了这本《企业一套表联网直报工作手册》，供各级党委政府领导、统计机构业务人员和企业统计人员研究、参考和使用。衷心希望本书能为广大统计人员答疑解惑，成为大家的工作指导用书。

由于编撰时间较紧，难免存在不足与错误，敬请批评指正。

编　者

2013 年 6 月

目　录

第一章　总体规划和组织实施

第一节　总体规划

改革开放以来，在党中央、国务院的正确领导下，在各级党委、政府、广大调查对象和社会各界的大力支持下，我国统计工作快速发展、不断完善，目前已形成以国民经济核算为核心，以国民经济行业统计和经济社会发展重点领域统计为支撑的国家统计调查体系，基本能够适应我国经济和社会发展的需要。但统计工作长期存在着难以获得高质量企业原始数据，基本单位名录库不够统一完整，多头布置统计报表，调查内容交叉重复，难以有效消除某些中间环节对数据的干扰，各专业、各级统计机构间统计数据共享程度低，对现代信息技术应用不够充分等问题。为此，国家统计局提出企业一套表联网直报改革的工作设想，以期逐步实现统计业务工作的标准化、规范化和现代化，进一步提高统计数据质量和服务水平，推动统计事业的科学发展。

一、指导思想与基本原则

（一）指导思想

以邓小平理论和“三个代表”重要思想为指导，深入贯彻落实科学发展观，顺应统计用户需求和统计发展趋势，立足中国国情，充分吸纳国外先进统计经验，改革传统的统计生产方式，统一设计统计制度方法，采用现代先进信息技术手段，提高统计工作和统计数据的一体化程度，减轻基层统计机构和统计调查对象负担，促进统计工作“三个提高”。

（二）基本原则

1. 着眼长远，整体设计

着眼于统计工作的长远发展，贯彻《“十二五”时期统计发展和改革规划纲要》，以一体化的统计理念进行一套表制度的整体设计，为逐步建立指标统一、方法科学、标准严格、管理规范、技术先进的现代统计体系奠定基础。

2. 规范统一，统筹安排

强化统计调查的统一性和系统性，规范统一指标的名称、解释、计算方法、计量单位和口径范围，统筹安排各行业（专业）统计调查项目的相关内容，科学设计统计业务工作流程，创新统计业务工作管理模式，逐步推进制度设计、数据采集、数据处理、统计分析等工作环节的集成管理。

3. 创新技术,跨越发展

借助于现代先进信息技术手段,加强统计工作各个环节与信息技术的融合,重点解决目前数据采集处理软件多和乱的问题,抓紧建设能够对统计调查制度进行统一电子化设计和布置,具备数据采集、录入、审核、编辑、汇总和管理等功能,性能优良、便于操作的数据采集处理软件系统,实现统计信息技术的跨越式发展。

4. 整体推进,分步实施

一套表涉及到各级统计机构、各行业(专业)统计当前的工作和未来的发展,涉及到计算机硬件、软件和网络技术在统计生产过程中的广泛应用。因此,需要全系统的共同努力,在整体推进一套表改革的同时,又要因地制宜、分步实施,确保工作不乱,数据不断。

二、总体目标与进度安排

(一)总体目标

"十二五"时期,在全国实施一套表,建立既能有效满足各级党委政府、各类经济体和社会公众需求,又能满足国民经济核算需要,便于调查单位填报、减轻基层统计机构和调查对象负担的统一规范的统计调查制度。根据整体推进、分步实施的原则,一套表工作采取分阶段实施的办法。

(二)进度安排

第一阶段(2011—2012年):在工业、建筑业、批发和零售业、住宿和餐饮业、房地产开发经营业等国民经济行业,以及科技、能源等主要专业的全面调查企业范围内实施一套表。

在此阶段,要建立健全相关统计标准和工作规范;初步建立企业统计调查核心指标体系及相配套的企业统计调查一套表制度和元数据标准;初步建立以基本单位名录库为基础,统一认定年定报统计调查单位的工作机制;初步建成数据采集处理软件系统,实现全面调查企业原始数据联网直报。

第二阶段(2013年):将一套表的实施范围扩大到工业、建筑业、批发和零售业、住宿和餐饮业等国民经济行业的抽样调查企业,并将劳动工资等专业统计纳入一套表范围。

在此阶段,着手研究国家核心统计指标体系和基于元数据标准的统计调查报表管理体系。与第一阶段相比,一套表实施范围有所扩大,统一的年定报统计调查单位认定机制,数据采集处理软件系统趋于成熟。

第三阶段(2014—2015年):全面实施一套表。将生产价格、服务业统计等抽样或重点调查内容纳入一套表范围;初步建立国家核心统计指标体系和基于元数据标准的统计调查报表管理体系。

在此阶段，要研究合理划分国家、地方和部门统计业务职责分工，改进和完善各行业（专业）统计协调合作机制，探索将部门统计内容纳入一套表工作范围，努力实现政府统计调查业务的一体化。

三、改革重点

按照整合资源、统筹规划、协同运作的一体化理念，改革统计生产方式，将对企业（单位）分散实施的各项调查统一整合到一起，统一布置报表，统一采集原生性指标数据，统一不同专业报表中相同指标的涵义、计算方法、分类标准和统计编码，推进统计调查业务一体化。实现由各专业独立设计转变为统一设计，由各专业分散布置转变为统一布置，由各专业自行确定调查单位转变为统一确定调查单位，由间接采集转变为直接采集，由层层上报转变为同步共享。

（一）统一认定和管理统计调查单位

按照“先进库，再报数”的要求，以基本单位名录库为基础，确定一套表的统计调查单位。由国家统计局统一组织各省级统计部门定期认定年定报统计调查单位，保证各行业（专业）统计数据的一致性和可比性。

（二）统一设计统计调查制度

认真梳理各行业（专业）统计针对企业的经常性和普遍性信息需求，研究制定一套表统计调查核心指标体系以及与之相配套的元数据标准，规范统一以企业（单位）为对象的统计调查指标名称、涵义、计算方法、分类标准、统计编码和使用要求。在此基础上，统一设计企业（单位）调查表式、统计范围、调查方法、调查频率和报送时间，形成体系完整、方便填报的统计调查制度。

（三）统一规范统计业务流程

对现行各专业统计业务工作流程进行再设计，由以往全过程的分专业实施转变为依托信息化技术及现代管理手段，实现统计制度设计、数据采集、数据处理、统计分析等环节的统筹管理，规范统计业务流程和操作规程，确保各业务环节有效对接、相关数据自动流转，工作流程环环相扣。

（四）统一数据采集处理软件

以规范的统计业务流程为依托，以解决现有数据处理软件多乱为重点，以实现各级统计机构数据共享为目标，开发建设一套表数据处理软件系统，统一规范数据加工过程，提高统计数据的准确性、及时性和共享性。

（五）统一实施企业联网直报

利用安全畅通、便捷高效的联网直报系统，统一组织采集企业数据，实现企业通过互联网直接向统计机构报送原始数据，强化对源头统计数据的集中管理，有效消除可能存在的中间环节对统计数据的干扰，提高数据处理效率和数据生产过程的透明度与可控性。

四、保障措施

实施一套表是统计调查流程的系统再造，是一项复杂的系统工程，覆盖制度方法设计、业务流程管理、工作机制完善、信息技术应用、基础基层建设等各个方面，涉及面广、协调难度大。因此，为保障一套表改革的顺利实施，必须从加强组织领导入手，多方采取措施。

（一）加强领导，统一认识

国家统计局成立实施一套表领导小组和工作机构，加强对此项工作的组织领导和监督检查。地方各级统计机构要成立由主要领导挂帅的实施一套表领导小组和工作机构，严格按照国家的统一部署，积极认真落实各项改革方案，扎实做好各项工作。

各级统计机构要认真学习全国统计会议精神，进一步提高对实施一套表必要性和重要性的认识，明确发展方向、奋斗目标和重点任务，把思想统一到全国统计工作会议确定的工作思路和各项部署上来，统一到“三个提高”上来，充分激发和调动广大统计人员的积极性、主动性和创造性，努力形成推动统计科学发展的强大合力。

（二）完善方案，健全机制

国家统计局要在深入研究、充分论证的基础上研究、制定企业一套表实施方案和相关规范性文件。主要包括一套表各阶段实施方案、一套表统计制度、企业统计调查核心指标体系、主要元数据标准、统计单位标准及使用规定、统计业务流程及职责分工、应用软件基本业务功能需求框架、数据审核规则和汇总要求、数据处理工作方案、网络和硬件环境的基本要求等。省级统计部门根据国家方案和文件的统一要求，研究制定本地区实施一套表的实施方案。

各级统计机构要根据国家统计局的统一部署，建立健全实施一套表的相关工作机制。一是建立统计调查单位认定机制，以基本单位名录库为基础，统一认定和更新年定报调查单位，确保“先进库，再报数”。二是建立专业分工协作机制，规范和细化业务工作流程，做到任务到人、责任到人。三是建立重大工作事项督查制度，对实施一套表的进展情况进行重点督查，及时掌握各项工作的进展情况。

（三）统一软件、建设平台

在建设功能完善、统一兼容的数据采集处理软件系统的工程中，要以规范的统计业务流程为依托，以解决现有数据采集处理软件多和乱为重点，着重解决一套表的数据采集处理软件需求。要加快构建标准统一、兼容友好、覆盖全面的统计业务应用平台，有效支持制度设计、任务布置、数据录入、网上报送、编辑审核、汇总制表、数据管理等统计业务流程，充分满足国家、省、市、县四级统计机构进行普查、常规统计调查和专项调查的需要。

(四)强化基层，夯实基础

实施一套表对基层统计人员的专业知识、业务技能和计算机水平提出了更高的要求，各级统计部门要加大对基层统计人员的培训力度，将重点放在对市县统计机构主要负责人和业务骨干的培训上。要结合一套表工作加强对县级统计机构工作的指导和考核，努力提升基层统计工作的规范化水平；建立健全向基层倾斜的经费分配机制，切实提高基层经费保障水平。

各级统计部门要督促纳入一套表统计调查范围的企业(单位)，配备具有与统计工作相适应的统计人员，提供网上报送统计报表的工作条件，支持统计人员按照统计部门的统一部署，参加相关业务培训，及时、规范地完成一套表数据填报工作。

第二节　组织实施

企业一套表改革等统计“四大工程”建设是一项复杂的系统工程，全国统计系统一直在为变革数据生产方式进行不懈努力。1993 年的统计一套表改革虽未全面实施，但很多地区的研究、探索和推进工作为国家统计局全面实施一套表改革积累了丰富的经验。在认真研究和充分试点的基础上，国家统计局决定实施统计“四大工程”，在新的形势下全面变革统计生产方式。几年来，国家统计局加强组织领导，全系统始终把企业一套表联网直报改革作为头号战略任务，积极进行开网准备、组织实施、并轨布置、宣传督导和拓展研究，各项工作按照部署扎实有序开展。

一、组织领导

国家统计局成立了以局主要负责人为组长、其他班子成员为副组长的企业一套表改革领导小组及其工作小组。各地也都成立了领导小组和工作机构，部分省(区、市)主管统计工作副省长任组长，部分省(区、市)印发省政府通知推进企业一套表工作。各级统计机构主要负责同志亲自协调布置，其他班子成员按照职责分工全力推进。国家统计局多次召开局务会、专题会讨论研究企业一套表联网直报工作，多次在全国性工作会议进行动员部署，多次听取各地区、各专业的汇报并进行指导。各地统计机构通过召开会议、学习文件、组织讨论等形式，不断深化对“四大工程”建设重要性、必要性和紧迫性的认识，把思想真正统一到国家统计局关于“四大工程”的各项部署和要求上来，形成了上下一心、齐心协力、全力以赴的良好局面。

二、系统设计

(一)建立统一规范、及时更新的基本单位名录库。确定了“先进库、再有数”、“不进库、不出数”的建设和使用原则，制定了《全国统计系统基本单位名录库建设维护与使用管理暂行办法》及实施细则，建立起以基本单位名录库为基础，统一认定年定报统计调查单位的工作机制。

（二）规范设计企业一套表制度。统一设计了企业一套表统计报表制度和分行业统计报表，制定了总体规划和实施方案，出台了《企业一套表统计调查制度》、《企业一套表业务工作流程》、《企业一套表业务分工》、《企业一套表数据采集处理软件基本业务需求框架》、《企业一套表数据处理方案》、《企业一套表统计调查核心指标体系》和《企业一套表主要元数据标准》等规范性文件。

（三）统一采用并不断优化数据处理软件。按照“功能完善、方便使用、标准统一、友好兼容”的总体要求，坚持统一但不唯一的原则，确定了京云万峰、清华同方两套数据采集处理软件，并通过反复测试进行完善优化。

（四）全面建立联网直报系统。根据当前统计部门信息化建设的实际情况和各地基本单位的分布概况，决定国家直报系统采用国家集中与省分节点相结合的建设方式，部分地区积极按照国家要求建立了基本满足企业一套表联网直报要求的分节点。国家和各地统计机构积极拓展互联网出口带宽，加强系统的安全性建设，整合优化CA安全认证系统，为成功实施提供了坚强的技术支撑。

三、试点研究

在企业一套表联网直报等统计“四大工程”建设过程中，广泛开展试点，通过试点完善各项建设工作。2009年湖北、四川在全省进行了试点，2010年12个省（市）就企业一套表联网直报改革进行了全面或局部的试点。2011年，全国26个省（区、市）的26万多家试点企业试报2011年6、7月份月报和一、二季度季报，对制度、流程、软件、硬件、能力进行全方位的检验。2012年1月，5个省统计局开展企业一套表新版软件和联网直报系统全流程试运行。根据试点中反映出来的问题，对企业一套表联网直报各项制度和系统进行了完善。同时，2010年安徽、宁夏调查总队对“三下”企业纳入企业一套表调查方法进行研究，2011年山西调查总队对调查队系统实施企业一套表联网直报的组织机制和方法进行研究，许多调查总队还积极采用手持电子设备采集数据，这也为“四大工程”的拓展进行了有益尝试。

四、准备工作

2011年11月初，在充分试点研究的基础上，国家统计局正式印发了《2011－2012年企业一套表实施方案》，在制度上对企业一套表2011年年报和2012年定报的实施范围、调查内容、实施方式和工作要求等作出明确规定。同时，为落实全国企业一套表工作会议精神，做细做实企业一套表实施前的各项准备工作，确保企业一套表按计划实施，还印发了《实施企业一套表准备工作项目和时间安排》和《实施企业一套表准备工作存在的主要问题及解决方案》，从制度设计、软件完善、制度定制、单位管理、业务培训、环境准备等方面对开网准备工作进行具体安排，要求各级、各专业按时完成，确保顺利实施。

实施一套表对基层统计人员的专业知识、业务技能和计算机水平提出了更高的要求，各级统计部门进一步加大了对基层统计人员的培训力度，并将重点放在对市县统计机构主要负责人和业务骨干的培训上。结合一套表工作加强对县级统计机构工作的指导和考核，努力提升基层统计工作的规范化水平；建立健全向基层倾斜的经费分配机制，切实提高基层经费保障水平。各级统计部门督促纳入一套表统计调查范围的企业（单位），配备相适应的统计人员，提供网上报送统计报表的工作条件，支持统计人员按照统计部门的统一部署，参加相关业务培训，及时、规范地完成一套表数据填报工作。

国家及各地均建立了工作检查考评制度，定期对各地区、各专业推行企业一套表联网直报工作情况进行总结考评。建立了企业一套表联网直报工作责任制，明确了各级统计机构的职责、任务分工和时间安排，将各项工作任务逐一落实到具体单位、具体岗位和具体人员。各级统计机构大多遵循设管部门统一牵头、各相关单位通力配合、各级各专业分工负责的工作模式。各级统计机构领导班子成员多次赴下级统计机构和企业督促检查，确保企业一套表联网直报工作高效有序顺利推进。

五、新闻宣传

国家统计局与发改委、工信部、住建部和商务部等五部委联合发文，对企业填报企业一套表联网直报报表提出明确要求；与国资委联合发文，要求中央企业配合做好企业一套表联网直报工作；积极争取中国企业联合会的支持，中国企业联合会向全国企业发出《真实独立填报企业统计数据服务国家宏观调控和社会管理大局》的倡议信。同时，通过各大媒体和网站进行了深入系统的宣传。人民日报发表评论员文章《为宏观调控和科学决策提供扎实依据》，对企业一套表联网直报改革给予高度肯定，并号召全社会支持配合这一改革。国家统计局主要负责人和有关班子成员以及相关专业司负责人，在中央电视台、中央人民广播电台、人民网等新闻媒体专门就企业一套表联网直报改革接受现场访谈。多次组织有关媒体宣传报道改革情况，在中国信息报和中国统计信息网开辟专栏，及时布置改革政策措施，报道改革进展情况，传播改革经验。各地在积极争取部门理解支持方面也做了大量工作。同时，根据国家统计局的统一安排和部署，充分利用各种媒体，对统计“四大工程”进行大规模宣传和动员，营造了统计改革的良好氛围。

六、法律保障

国家统计局规定了企业一套表联网直报“四条红线”，即坚持不在基本单位名录库的企业不得填报数据，坚持由企业独立报送真实的统计数据，坚持由企业自己上报联网直报数据，坚持由企业修改差错或补填不完整报表的原始数据，并要求各级、各地严格恪守。向所有联网直报企业发出统计法律事务告知书，明确了企业在企业一套表联网直报中的权利、义务和责任。印发《坚决落实和维护企业独立真实报告权确保企业联网直报数据质量的通知》和《立即制止干扰企业一套表联网直报工作的紧急通知》，维护企业法定权利。局主要负责同志致信联网直报企业负责人和统计人员，吁请广大企业依法真实独立上报数据，抵制对企业数据的干预；致信各省（区、市）统计局局长，要求各级统计机构把不干预企业真实填报数据摆在首位。国家统计局建立了企业一套表联网直报违法案件的责任追究和曝光机制。

第三节　巩固拓展

统计“四大工程”的成功实施，基本实现了统计报表无纸化，数据采集电子化，传输处理网络化，业务流程规范化，标志着统计生产方式发生深刻变革，充分证明了改革的方向是正确的，成效是显著的。下一步要切实巩固现有成果，在调查单位真实完整、更新及时上狠下功夫；在企业一套表制度统一科学、规范严密上狠下功夫；在软件更加友好兼容、方便使用上狠下功夫；在联网直报系统安全高效、平稳顺畅上狠下功夫；在服务调查对象、强化支持配合上狠下功夫。同时，要以更加坚定的信心，更加有力的举措，积极拓展“四大工程”的实施范围。

一、总体思路

（一）进一步巩固提高企业一套表联网直报改革成果，夯实拓展的基础。完善年定报统计调查单位审核认定机制，确保调查单位库真实完整和及时更新；整合优化专业指标和报表体系，确保一套表制度统一科学和规范严谨；着力解决一套表平台存在的突出问题，确保软件满足需求、友好兼容和方便使用；完善联网直报风险防控系统，确保系统安全高效和平稳顺畅；完善一套表联网直报工作机制和业务流程，确保各环节规范统一和执行顺畅；实施全过程质量控制，确保源头数据上报及时和真实准确。

（二）在巩固提高的基础上，注重内涵和实质，稳步拓展“四大工程”。以第三次全国经济普查为契机，以健全非普查年度信息更新工作机制为基础，加快完善全国统一的基本单位名录库；依托统一的基本单位名录库，并在必要试点的基础上，稳步拓展一套表的调查内容和实施范围；逐步将一套表平台应用到其他常规调查业务；适应建设现代化服务型统计的形势要求，逐步增加联网直报系统为企业提供信息和咨询服务的功能；加快建设统计业务流程管理系统，实现统计生产全过程的规范化和信息化管理。

二、具体措施

“四大工程”建设是一项长期艰巨的任务，根据国家统计局局领导要求，统计设计管理司将会同普查中心和数管中心，组织协调局内相关单位，明确分工，各负其责，密切配合，认真落实好各项工作措施。

（一）巩固提高

1. 完善统计调查单位审核认定机制

（1）提高审核频率，季度审核调整为月度审核；优化审核方式，实行审核材料的电子化报送。

（2）进一步明确分工及权限，国家统计局将把调查单位的初级审定权力分批下放到省级统计局，并负责最终核准入库。通过加大抽查力度，加强对省级审核工作的质量评估。

（3）采取先立后破、不立不破的方式，实现调查单位审核管理系统与企业一套表数据采集处理平台的融合。

2. 整合优化企业（单位）一套表制度

（1）整合优化行业和专业统计调查制度，强化制度衔接，以工业、建筑业、批发和零售业、住宿和餐饮业、房地产开发经营业和其他服务业等行业统计为主线，整体设计能源、投资、劳资、科技和信息化等专业统计，真正实现“下去一把抓，上来再分家”。

（2）研究解决由于历史数据衔接、一套表范围外未使用统一平台等原因导致的劳资统计仍未完全使用一套表平台各专业基层数据进行国家级数据汇总的问题。

（3）立足现有条件，开展报表填报的可行性、合理性评估测试工作，认真梳理分析指标填报和使用情况，研究进一步精简指标的可行性；彻底剔除重复指标以及可以通过计算生成的指标；推进利用企业会计核算资料和生产经营记录设计报表。

3. 着力解决一套表平台和联网直报系统存在的突出问题

（1）根据各专业司（中心）提出的改进完善一套表平台和直报系统的业务需求和功能要求，提出优先解决影响专业数据处理等突出问题的时间进度表。

（2）结合国家统计局涉密网建设进展情况，研究改进一套表联网直报数据汇总方式，实现在保证数据安全性前提下的在线加工汇总。

（3）尽快建立更加完备的同城数据处理级灾备系统和异地灾备中心；督促自建节点省尽快建立健全双机热备系统。

4. 健全一套表联网直报工作机制

（1）制定和完善元数据维护、制度定制、任务布置、软件完善、数据采集、审核验收、汇总加工、管理归档、数据共享等业务流程的工作规范和管理规定，最大限度地将工作内容和方法规程化、制度化。

(2)在一套表元数据标准的基础上，研究制定统计数据及元数据交换标准；进一步规范各专业(行业)统计的统计原则和分类标准。

(3)完善适应一套表联网直报模式的工作机制和组织方式，夯实基层基础。研究新的数据生产方式下，组织机构及职能调整的工作思路，督促和指导基层统计机构逐步将工作重点转移到查找核实调查单位、报表催报、基层数据审核验收。

5. 实施全过程质量控制

(1)参照联合国《通用国家质量保证框架模板》，结合我国实际，研究探索包括统计业务流程全过程质量控制总体思路及统计调查标准与准则等内容的《中国统计质量保证框架》，建立统计质量保证体系。

(2)确保源头统计数据真实准确。加大统计执法检查力度，坚决查处违反“四条红线”和干预企业独立真实上报的统计违法行为；进一步完善源头数据核查机制和经常性实地核查工作制度，采用机查、人核、抽检等多种方式核查企业源头数据；坚持企业独立报送和各级统计机构独立采集数据，不允许主管部门、行业协会或企业集团等代替企业报送；出台有关规范统计代理活动的相关规定。

(二)深化拓展

1. 进一步健全基本单位名录库。充分利用第三次全国经济普查资料，全面维护更新基本单位名录库，抓紧建立健全非普查年份单位基本信息维护更新工作机制，确保单位及其信息真实准确，单位之间关系清晰。

2. 稳步拓展一套表的调查内容和实施范围。在健全基本单位名录库的前提下，将一套表联网直报的调查内容和实施范围逐步推广到所有以企业和行政事业单位为调查对象的统计调查；按照一套表的设计思路和工作要求，研究整合常规统计调查制度中由部门报送的报表，剔除重复指标，统一设计调查制度。

3. 拓展企业一套表联网直报平台的应用范围。将一套表数据采集处理平台应用于一套表调查单位库管理维护、第三次全国经济普查和其他常规调查业务的数据处理。

4. 拓展完善一套表联网直报平台系统的功能。一是完善适合以抽样调查为主的业务处理功能；二是逐步开发直报系统的信息咨询服务功能；三是研究开发企业管理软件与直报系统的电子数据衔接功能。

5. 利用信息化手段统一规范常规调查的数据采集、传输和处理。推进和完善“三下”企业和住户调查采用 PDA 等移动终端、网上记账等方式采集基础数据，逐步实现通过网络实时同步至统一数据处理平台，相关专业通过统一平台进行数据加工。

6. 建立健全统计业务流程管理系统。在完善一套表联网直报相关业务工作规范和管理规定的基础上，提出业务需求，将其内化至统一的统计业务流程管理系统，实现指标、报表和制度设计、修订、审批和管理的规程化、信息化和网络化。

三、工作安排

首先做好确保单位库及时准确、一套表制度科学规范、平台软件完善优化等重点工作，把巩固提高摆在首要位置，稳步推进深化拓展。

(一)调查单位认定和管理

1. 自 2013 年 4 月份起，企业一套表调查单位季度审核改为月度审核，全面实行审核材料的电子化报送。国家统计局将把调查单位的初级审定权力分批下放到省级统计局，并负责最终核准入库及相关的质量抽查和评估。(普查中心、相关专业司)

2. 完善一套表平台的相关功能，实现在库调查单位通过直报系统提出基本信息变更内容，经县级名录库管理部门审核认定后进行更新的工作模式。(数管中心、普查中心、设管司)

3. 2013 年 1 季度完成调查单位审核系统与一套表平台融合的需求分析，2 季度实施开发和试运行，3 季度正式运行。(数管中心、普查中心、设管司)

4. 2013 年 4 月底前研究制定跨省非法人分支机构视同法人单位的具体审批核准办法。(设管司、普查中心、相关专业司)

(二)制度设计和试点研究

1. 结合 2013 年制度修订工作，进一步规范工业、建筑业、批发和零售业、住宿和餐饮业、服务业等行业的小微企业调查制度以及其他常规统计调查制度，根据基本单位名录库健全情况，研究提出纳入一套表的工作设想。(设管司、工业司、投资司、贸经司、人口司、社科文司、服务业司、普查中心、数管中心)

2. 结合 2013 年的制度修订工作，开展报表填报可行性、合理性测试工作，梳理分析指标填报和使用情况，尽量精简指标；推进利用企业会计财务资料和生产经营记录设计报表。(设管司、各专业司、普查中心)

3. 2013 年 6 月底前，组织相关单位研究工业生产者价格调查纳入一套表联网直报的可行性，提出调查制度、单位管理和软件平台等方面的解决方案，下半年开始试点，争取从 2014 年定报开始正式纳入一套表联网直报。(城市司、设管司、普查中心、数管中心)

4. 2013 年 3 月底前提出固定资产投资统计纳入一套表联网直报的试点方案，4—12 月开展试点，根据试点情况确定下一步工作方案，研究争取 2014 年年报起正式纳入一套表联网直报的可行性。(投资司、设管司、普查中心、数管中心)

5. 协调劳资统计与专业统计原则，实现一套表范围以外的劳资统计使用一套表平台进行数据处理。争取从 2013 年年报起，真正实现使用一套表联网直报平台各专业

基层数据进行国家级数据汇总，并最终合并生成全口径的劳资综合数据。（人口司、设管司、数管中心）

6.推进采购经理调查、畜牧业养殖单位联网直报和全国企业创新调查、乡镇基本情况表纳入统一平台等试点工作。（社科文司、农村司、服务业司、设管司、普查中心、数管中心）

（三）数据采集处理平台和联网直报系统

1.2013年4月份月报开始，实现企业一套表联网直报机构端全面并轨，即省级数据报送国家唯一采用统一数据采集处理平台。（设管司、相关专业司、普查中心、数管中心）

2.2013年4月底前，根据各专业司（中心）提出的改进完善的业务需求和功能要求，重点解决一套表平台满足专业更加及时方便地自主定制基层表（审核关系）和汇总表、数据实时同步和合库更加稳定等影响专业数据处理的突出问题。（数管中心）

3.2013年年底前，一套表以外常规调查业务的数据处理迁移至统一平台，数管中心和各相关单位研究制定并轨工作方案，全面停用久其等数据处理软件。（数管中心、相关专业司、普查中心）

4.根据统一平台完善优化和功能拓展情况，逐步将调查队系统调查业务的数据处理迁移至统一平台。（数管中心、相关专业司、普查中心）

5.2013年开展使用PDA、平板电脑、手机、座机电话、便携式计算机、计算机等多终端进行住户网上记账以及入户与入单位面访、入地块调查采集数据的试验研究，建立与数据采集电子化、网络化相适应的住户调查与农产量调查工作流程和规范。尽快研究并逐步实现基础数据实时传输至统一平台以及通过统一平台完成数据加工处理。（农村司、住户办、数管中心）

6.着手研究拓展联网直报系统的服务功能。2013年2月份月报期间开展统计服务需求问卷调查，3—4月，在对调查结果进行分析的基础上，研究提出为企业提供信息服务的内容和拓展联网直报系统的相关功能。研究开发高效导入企业会计财务和经营记录数据的功能，逐步实现数据采集处理软件与企业管理软件等电子数据的方便对接。（设管司、相关专业司、数管中心）

（四）业务流程和工作规范

1.2013年6月底前，研究制定和完善健全单位审核入库，指标、报表和审核关系定制管理，一套表平台常规性完善改进，平台数据共享使用等相关工作规章和操作规程。（设管司、相关专业司、普查中心、数管中心）

2.启动统计业务流程管理系统建设。2013年1季度前完善《统计业务流程管理系统建设工作方案》，报局常务会审批。批准后提出相关需求设计，制定系统建设分阶段实施目标。2013年完成建立规范统一的统计元数据库，2014年开始逐步实现指标、

报表和制度的在线设计和调查项目在线审批，逐步规范统计业务流程并将其内化到统一平台。（设管司、相关单位）

3. 力争从 2014 年定报起，纳入企业一套表联网直报范围的专业制度定制在统一的元数据库基础上进行，基层表、汇总表等的制度定制由各专业完成，数管中心提供技术支持。（设管司、相关专业司、普查中心、数管中心）

（五）源头数据质量控制

1. 2013 年 3 月底前，完成全国统计代理活动的清理整顿。明确要求新纳入一套表联网直报的企业必须通过联网直报独立报送统计数据，不允许委托报送；对已存在的联网直报企业委托报送行为进行清理规范并逐步消除。（设管司）

2. 抓紧制订“全国统计代理活动管理办法”，对包括“三下”企业在内的统计代理活动进行严格规范管理。（政法司）

3. 2013 年 2 季度前，《中国统计质量保证框架》提交局常务会审议；年底前，开展相关调查研究，提出落实《框架》的具体工作方案和实施意见。（设管司、相关单位）

4. 利用现代信息技术手段，通过加强数据比对、IP 地址比对、电话回访等方式，强化信息技术防控，确保源头数据质量。（数管中心、相关单位）

第二章　各级各部门职责分工

实施企业一套表是一项复杂的系统工程，涉及到各级统计机构和各专业（行业）统计工作，覆盖制度方法设计、业务流程管理、工作机制完善、信息技术应用、基层基础建设等各个方面。正式实施以来，基本按照统一设计制度和软件系统、统一确定和管理调查单位、统一部署调查任务、统一数据采集以及分级、分专业进行数据处理的方式开展各项工作。国家统计局及各级统计机构遵循设管部门统一牵头，名录库管理、专业统计和数据管理与技术支持等相关单位通力配合，各级各专业分工负责的组织模式和工作机制，有条不紊的开展相关工作。

第一节　国家统计局

一、统计设计管理司

负责制定全面实施企业一套表总体规划及实施方案，统一组织设计企业一套表制度，组织协调企业一套表联网直报的实施工作等。具体包括：

1. 制定企业一套表总体规划及实施方案。

2. 统一组织设计（修订）和编印《企业一套表统计调查制度》、规范制度及报表格式。

3. 结合专业需求，建立并完善企业一套表统计调查核心指标体系，规范指标定义及使用。

4. 建立并逐步完善企业一套表元数据标准。

5. 根据《企业一套表统计调查制度》，整理修订统计报表、指标、分组、目录等元数据内容。

6. 研究制定《统计单位划分及具体处理办法》，统一规范统计单位的界定、划分及使用的基本原则和具体操作办法。

7. 统一规范企业一套表联网直报的业务工作流程及专业（部门）职责分工。

8. 统一制定企业一套表报表管理时间，包括企业上报开始时间、企业上报截止时间和省级验收截止时间。

9.统一管理专业新增(变更)的业务需求,统一平台数据摘抄内容及方式等。

10.根据规范的业务流程和分工研究制定《企业一套表数据采集处理软件基本业务需求框架》,提出对软件的总体目标要求及业务流程各环节的基本业务需求。参与组织相关软件系统开发,确保制度设计和软件实现相衔接。

11.组织国家统计局相关专业司(中心)做好"法人单位基本情况"(101－1表)、"产业活动单位基本情况"(101－2表)、"从业人员及工资总额"(102－1表、202－1表)、"信息化情况"(109表)等年定报通用表的网上统一布置工作。

12.组织协调国家统计局内各专业司(中心)企业一套表联网直报工作。收集整理和组织研究实施过程中存在的问题,提出解决方案,不定期印发相关问题解答。

13.审批省级企业一套表统计调查制度。

14.检查和监督地方统计机构对国家企业一套表制度的贯彻执行情况。

二、普查中心

负责制定调查单位管理的有关规定,组织审核确定企业一套表调查单位,生成全国企业一套表调查单位库,管理调查单位及基本信息的更新维护。具体包括:

1.制定《全国统计系统基本单位名录库建设维护与使用管理暂行办法》及其实施细则,统一管理纳入企业一套表范围的调查单位。

2.依据《企业一套表统计调查制度》,以及《统计单位划分及具体处理办法》,以基本单位名录库为基础确定企业一套表统计调查单位。

3.根据相关规定,及时组织审核省级上报的新增、变更和退出调查单位的审批材料,解决跨省、跨专业调查单位的重复问题,确保单位按要求入库和基本信息及时更新。

4.组织相关专业部门共同确认分地区、分专业的调查单位和标识代码以及报告期调查单位基本情况表数据,提供企业一套表数据采集处理软件使用的调查单位库。

5.整理确定"调查单位基本情况"(101－1表、101－2表、201－1表)的业务调查需求。

6.负责"调查单位基本情况"(101－1表、101－2表、201－1表)相关数据的审核验收、查询、加工汇总、质量评估和数据管理等。在国家级数据处理阶段,负责企业主要经济指标、从业人员、单位规模等指标的摘抄计算,用于专业审核、汇总。

三、专业司

国家统计局工业司、能源司、投资司、贸经司、人口司、社科文司和服务业司等负责专业需求的提出和确认,企业一套表联网直报的工作布置、业务培训、数据处理及质量控制等实施工作。具体包括:

1. 整理确认专业调查需求及常规制度修订内容，参与制定《企业一套表统计调查制度》及分行业报表。

2. 根据《企业一套表统计调查制度》及专业调查需求和工作要求，制定基层表数据审核规则、综合表和汇总表数据加工汇总需求。

3. 确定专业对数据采集处理软件和联网直报系统的业务功能具体需求，协助数据管理中心做好软件系统的更新维护和优化完善。

4. 制定企业一套表数据质量管理办法，定期开展相关数据核查和质量评估。

5. 自主或与技术支持部门一起，在数据采集处理环境中定制专业基层表、综合表和汇总表，定制审核规则和汇总条件，进行带数据测试。

6. 自主或与技术支持部门一起，确定专业的业务管理处理人员的管理权限，在数据采集处理应用环境中分配业务处理人员权限。

7. 业务处理人员在数据采集处理应用环境中向调查单位分配报表，向省级分配应上报的综合表，以及省级可以使用的汇总表。

8. 编写企业一套表专业业务操作手册，负责本专业企业一套表工作的业务培训和组织实施，以及问题解答。

9. 在数据采集处理应用环境中对分管专业基层数据进行审核、验收、查询、数据加工汇总、数据质量评估、数据管理等。

10. 省级统计机构验收后，各专业司在数据采集处理应用环境中对分管专业的各省数据进行审核、验收，发现省级已经验收的基层表数据有问题或存在错误时，进行“验收不通过”处理，并即时将基层表退回省级查实确认，最终将问题数据退回调查单位，由调查单位自行修正、重新上报，直至验收通过。

11. 配合普查中心审核省级名录库管理部门上报的新增、变更和退出调查单位的审批材料。

12. 负责确定和提供“调查单位基本情况”(101－1 表、101－2 表、201－1 表)的专业标识。

13. 配合做好对省级企业一套表统计调查制度审批的相关工作。

四、数据管理中心

负责研制开发、管理维护和优化升级企业一套表数据采集处理软件和联网直报系统，部署数据采集处理应用环境，为企业一套表联网直报提供技术支持和保障。具体包括：

1. 根据《企业一套表数据采集处理软件基本业务需求框架》，制定数据采集处理软件技术标准、数据处理交换标准、整理历史数据的标准格式、数据审核规则和汇总条件的规范性要求，制定数据处理方案。

2. 根据《企业一套表统计调查制度》及相关规范性文件，收集整理数据采集处理软件总体及分专业具体业务功能需求，组织开发和完善数据采集处理软件，并进行功能和性能测试。

3. 部署数据采集处理测试、培训及应用环境，确定并分配国家局系统管理权限和业务管理权限，分配省级在各环境中的系统管理权限。

4. 加载报告期调查单位库及专业部门整理提交的历史数据。

5. 编写数据采集处理软件技术和操作手册，分别对本级专业部门和下级技术支持部门进行数据采集处理软件技术和操作培训。

6. 在统一的数据采集处理应用环境中对基层、综合和汇总数据实施集中管理和按权限进行共享。

7. 对专业部门业务定制和测试提供技术支持与服务，解答、处理数据采集处理软件应用中的问题。

8. 数据处理环境及相关设备的准备、日常维护、系统的集成与优化、安全防范以及数据的集中管理和备份。

9. 按要求对省统计机构开放软件系统，省级统计机构可以进行制度再设计，包括元数据库、年定报基层表、综合表和审核规则等。

第二节　省级统计机构

一、统计设计管理部门

负责制定本地区企业一套表工作方案，牵头协调本地区企业一套表的组织实施工作。具体包括：

1. 组织制定本地区实施企业一套表工作方案，贯彻落实全国企业一套表工作总体规划、实施方案及配套文件。

2. 统一管理并确定在本地区在国家调查制度基础上增加的调查需求，组织各专业设计本地区的企业一套表统计调查制度，报国家统计局审批后实施。

3. 按照国家元数据标准，对增加或调整的调查内容统一管理，更新维护相关的元数据，增加相应的审核规则和汇总要求。

4. 根据国家制度规定的报表管理时间，组织各专业协商定制地市级和县级统计机构审核验收截止时间。省级以下统计机构不能调整国家统计局依据《企业一套表统计调查制度》在数据采集处理应用环境中定制的基层表管理时间（包括调查单位填报开始时间、填报截止时间和省级统计机构验收截止时间等）。

5. 制定本地区企业一套表业务流程实施细则，细化业务分工。

6.组织相关专业处室做好与本地区相关的“法人单位基本情况”(101－1表)、“产业活动单位基本情况”(101－2表)、“从业人员及工资总额”(102－1表、202－1表)、“信息化情况”(109表)等年定报通用表的网上统一布置工作。

7.组织对下级布置企业一套表实施工作和业务培训。

8.组织协调企业一套表实施的相关工作,督促检查工作落实情况及工作进度。

二、名录库管理部门

根据国家统计局关于基本单位管理的规定及工作要求,统一负责本地区调查单位的管理维护、信息更新及调查单位管理级别确定等相关工作。具体包括:

1.执行企业一套表调查单位管理的有关规定,统一管理调查单位。

2.确定调查单位的管理机构(包括按规定不允许网报的单位),编制“统计管理机构名称及代码”,确定调查单位的管理级别。

3.自建节点省以国家统计局确定的调查单位库为基础,加载本地区(包括本级增加的)调查单位库和报告期调查单位基本情况表数据(包括调查单位标识),向下级分配调查单位的管理权限。

4.审核地级名录库管理部门上报的新增、变更和退出的调查单位审批材料,解决辖区内跨地区、跨专业的重复单位问题,组织省级专业部门审核后,统一报国家统计局普查中心审定。

5.根据国家统计局普查中心审核结果,更新维护本地区调查单位库。

6.具体负责辖区内企业上报的单位基本情表的数据审核验收、查询、加工汇总、质量评估及数据管理工作。

三、专业统计部门

省级统计部门的工业处、能源处、投资处、贸经处、人口处、社科处、服务业处和普查中心等在省级设计管理部门的统一组织协调下,负责本地区、本专业企业一套表工作布置、业务培训、数据处理及质量控制等工作。具体包括:

1.制定本地区分专业实施企业一套表工作方案。

2.提出本地区分专业需要增加的调查内容,由设计管理部门统一报国家统计局审批后,提出专业处理要求,编制数据审核规则和汇总条件。

3.制定本地区分专业企业一套表数据质量管理办法实施细则。

4.确定分专业业务管理员和业务处理人员管理权限,在数据采集处理应用环境中分配业务处理人员权限。

5.在数据采集处理应用环境中定制本地区分专业增加的调查内容、审核规则、汇总表和汇总条件,并进行带数据测试。

6.向地市级分配应上报的综合表，以及地市级可以使用的汇总表。分节点的省在数据采集处理应用环境中加载相关数据，设置报告期报表编辑处理方式，向调查单位分配报表，定制基层表管理时间等。

7.对下级（或其他直接接受基层表的统计机构）布置分专业的调查内容和业务培训。具体讲解专业基层表填报、数据汇总等专业数据处理要求，并负责问题答疑。

8.催报本地区分专业的调查单位报送基层表。对本专业的基层数据进行审核、验收、查询和数据加工汇总等，按权限管理基层数据和汇总数据。

9.将统计调查制度执行中发现的问题进行归纳总结，反馈设计管理部门。

四、技术支持部门

负责本地区企业一套表联网直报相关的技术支持工作。具体包括：

1.分节点的省部署本地区数据采集处理应用环境，加载相关历史数据。

2.确定并分配系统管理员的管理权限。

3.分别对本级专业部门和下级技术支持部门进行数据采集处理软件技术和操作培训。

4.对本地区专业部门业务定制和测试提供技术支持与服务。

5.省级加载“统计管理机构名称及代码”，创建、维护调查单位账户。

6.负责对数据采集处理应用环境系统进行管理和日常维护；负责网络、数据安全与备份。

7.解答、处理数据采集处理软件应用中的问题，配备专门机构与人员提供技术支持。

8.将统计调查制度执行中发现的问题进行归纳总结，反馈设计管理部门。

第三节 省级以下统计机构

在省级统计机构的统一组织协调下，负责本地区各专业企业一套表联网直报的制度管理、单位管理、工作布置、业务培训、数据处理及质量控制等工作。具体包括：

一、制度设计和管理部门

1.制定本地区实施企业一套表工作方案，贯彻落实全国企业一套表工作总体规划、省级实施方案及配套文件。

2.统一管理并确定本地区在国家和省级调查制度基础上增加的调查需求，组织各专业设计本地区的企业一套表统计调查制度，报省级审批后实施。

3.对下级和调查单位布置企业一套表工作，督促检查工作落实情况及工作进度。

4. 统一组织相关业务培训。

二、名录库管理部门

1. 根据国家统计局关于基本单位管理的规定及工作要求，统一负责本地区调查单位的管理维护、信息更新及调查单位管理级别确定等相关工作。

2. 核实确认本地区所辖调查单位的真实存在，确保单位基本信息的及时准确并按规定时间上报新增、变更和退出调查单位审核材料。

三、专业统计部门

1. 根据省级统计机构的统一要求，确定分专业业务管理员和业务处理人员管理权限，在数据采集处理应用环境中分配业务处理人员权限。

2. 在数据采集处理应用环境中定制本级、本地区增加的调查需求，包括调查单位库、报表制度、报表管理时间、审核规则、汇总表式和数据处理要求等。

3. 对下级或企业布置分专业的调查内容和业务培训。具体讲解专业基层表填报、数据汇总等专业数据处理要求，并负责问题答疑。

4. 催报本地区分专业的调查单位报送基层表。对调查单位的基层数据进行审核、验收、查询和数据加工汇总等，按权限管理基层数据和汇总数据。

5. 根据国家和省级要求，协助将可能存在差错的数据返回企业查询修改。

6. 将统计调查制度执行中发现的问题进行归纳总结，反馈上级统计机构。

四、技术支持部门

1. 分别对本级专业部门和下级技术支持部门进行数据采集处理软件技术和操作培训。

2. 对本地区专业部门业务定制和测试提供技术支持与服务。

3. 负责对数据采集处理应用环境系统进行管理和日常维护；负责网络、数据安全与备份。

4. 督促和指导调查单位保障满足企业一套表联网直报所需的软硬件环境和网络条件，扎实做好相关统计基础工作。

第三章　主要业务流程

企业一套表改革的核心任务之一是规范统计业务流程，探索和完善在新技术条件和网络环境下统计工作的流程和组织方式。根据统计调查的内容和要求，将企业一套表工作划为统计设计、调查单位确定和管理、任务部署、数据采集、数据审核验收和数据加工汇总六大主要业务流程环节。

第一节　统计设计

统计设计就是根据统计调查的目的和调查对象的特点，明确统计指标体系，以及对应的分组方法，制定相应的统计调查制度和组织实施方案，是统计工作不可缺少的重要和基础环节。统计设计环节主要包括建立企业一套表统计调查核心指标体系、制定元数据标准、设计统计调查制度、制定分行业报表、确定数据采集处理软件需求、开发完善数据采集处理软件等业务活动。

一、建立统计调查核心指标体系

1. 系统整理各专业统计调查指标。对统计报表进行清查，梳理统计报表、指标存在的问题，按专业进行分类、反馈，根据一体化设计的要求，规范报表、指标的名称、解释、编码和属性，制定优化方案，并将规范成果应用到企业一套表设计当中。

2. 建立企业一套表统计调查核心指标体系。国家统计局遵循整体设计原则，打破专业界限，以企业为对象，围绕企业人、财、物、产、供、销、存等生产经营要素和环节设置指标群，选取企业调查的经常性、通用性和原生性主要指标，构成核心指标体系，反映企业生产经营活动全貌，满足各专业的统计需要。同时坚持统一规范的原则，消除统计指标在专业间的交叉重复与矛盾，统一以企业为对象的统计调查指标的名称、代码和涵义，规范指标的统计口径和计算方法，组成有机联系、科学简约的指标集合。并根据企业一套表的深化拓展情况逐步扩展核心指标体系的涵盖范围，进一步完善和规范，强化核心指标体系的基础性和导向性。

国家企业一套表统计调查核心指标体系分为一级类别、二级类别和核心指标三个层次。一级类别从调查单位基本情况、从业人员、人工成本、生产经营、土地和固定资产支出、科技活动、信息化情况、效益及分配等 8 个方面反映企业生产经营活动全貌。在一级类别下细化出 35 个二级类别，二级类别下设置核心指标，共计 80 个。核心指标与工业、建筑业、批发和零售业、住宿和餐饮业、房地产开发经营业和重点服务业等主要行业的调查指标建立了对应关系。

省及省以下各级统计机构可以根据实际需要对国家企业一套表核心指标体系进行扩充，指标群的设置不得与国家企业一套表核心指标体系冲突，必须全面、唯一、规范、通用、易获得且具有导向性。

二、制定元数据标准及工作规范

1. 制定企业一套表主要元数据标准。统计元数据标准是对实体数据的实质、内容、状态、范围、质量、表示方式、来源、计算方法、空间参考、时间参考、管理方式以及其他特征等描述数据及其生产过程所需的基本要素进行统一的规范和定义。

国家统计局系统研究制定统一规范的企业一套表主要元数据标准，为企业一套表统计业务流程重构、数据采集处理平台开发以及数据交换和共享提供统一的标准和规范。统计指标、统计分组和统计目录是其中三项主要元数据。统计指标元数据标准从统计指标的基本属性、管理属性和数据属性三方面进行规定和定义，共计 47 项；统计分组和统计目录具有相同的元数据标准内容，均从基本属性和管理属性两方面进行规定和定义，共计 40 项；此外，还制定了统计制度、统计报表、计量单位、机构、用户、角色、权限、指标类别、时间框架、审核关系、地域等共计 14 类元数据标准。

2. 整理提出企业一套表元数据内容。根据元数据标准和企业一套表制度内容，国家统计局对企业一套表基层表涉及的统计指标、分组和目录等元数据进行整理，保证其概念定义、编码、计算方法、口径范围的一致性。一套表制度基层表涉及的指标、分组和目录由统计设计管理司统一整理并编制代码。各专业数据处理用综合表及汇总表涉及的指标、分组和目录可以由专业自行增加，但不得与基层表重复设置，同时需建立基层表与综合表、汇总表的映射关系。综合表中已新增的指标、分组和目录，汇总表不再重复增加。

省及省以下各级统计机构根据《企业一套表主要元数据代码编制规则》编制本级主要元数据代码，并与其编制机构信息结合，以区分元数据的管理机构和管理级别，满足分级管理的需要。新增基层表指标、分组和目录由设计管理部门统一管理并编制代码。各专业数据处理用综合表及汇总表涉及的指标、分组和目录，各级各专业可以自行增加，但不得与上级基层表、综合表、汇总表以及本级新增基层表重复设置，同时需建立基层表与综合表、汇总表的映射关系。综合表中已新增的指标、分组和目录，汇总表不再重复增加。

3. 建立企业一套表元数据库。依托现代信息技术，国家统计局建立企业一套表元数据库，将企业一套表元数据固化在元数据库中，实现对调查制度、报表、指标、分组、目录等统计元数据进行在线设计，审批、管理和归档；对各种调查方法的设计和应用；为数据处理软件开发提供制度元数据；满足数据和元数据交换和共享需求，实现统计元数据的规范化和标准化管理。

省及省以下各级设计管理部门需按照国家元数据标准和元数据库建设的有关要求，与同级专业部门协商界定本级企业一套表元数据的“管理机构”属性，由设计管理部门统一管理本级增加或调整的元数据内容，并将其统一描述到元数据库中。

4.管理和维护企业一套表元数据库。各级各专业根据指标、目录等的“管理机构”属性对本级本专业负责的指标、目录等进行元数据维护，向同级设计管理部门提出元数据维护申请，并报设计管理部门对元数据维护内容的正确性进行审核。审核通过后，由各专业人员在元数据库平台上完成维护操作，并及时通知本级有关专业部门和下级统计机构。

5.制定《企业一套表业务工作流程》。国家统计局统计设计管理司制定《企业一套表业务工作流程》，各级统计机构参照制定本地区企业一套表业务工作流程实施细则。

6.制定《企业一套表业务分工》。国家统计局统计设计管理司制定《企业一套表业务分工》，明确国家和省级统计机构内部各部门在企业一套表工作中的职责和主要任务。省及省以下各级结合本地工作实际细化业务分工。

7.制定统计单位划分标准。国家统计局制定《统计单位划分及具体处理办法》，明确统计单位的类型、统计原则及具体处理办法等，作为确定调查单位的依据。

8.制定调查单位管理办法。按照“先进库，再有数”的原则，国家统计局制定《全国统计系统基本单位名录库建设维护与使用管理暂行办法》及实施细则，明确各级各专业的职责分工和名录库建设、维护、使用管理及安全保障的相关要求。各级根据国家统计局的有关要求制定具体工作规定。

9.确定采集表管理时间。包括填报、提醒、催报、验收、评估、查看等的起止时间。

国家统计局统一规定企业一套表调查单位填报和截止时间，省级统计机构验收截止时间。省级统计机构根据国家统计局制定的报表管理时间，组织制定地市级和县级统计机构的审核验收截止时间。

10.设置提醒催报规则。各专业人员在采集平台上完成各采集表、各报告期、各业务环节起止时间的设置，并设置提醒（催报）规则，包括提醒（催报）频率、时间段和方式。

11.编印企业一套表分专业操作手册。

三、设计统计调查制度

企业一套表制度的统一设计和日常修订工作由设计管理部门牵头组织，各有关专业部门分工负责，通力配合，共同完成。国家统计局结合年定报制度修订工作，统一设计全国《企业一套表统计调查制度》，包括单位基本情况、从业人员及工资总额、财务状况、生产经营情况、能源和水消费、科技活动、信息化情况、经营情况问卷调查等八个方面；同时设计工业、建筑业、批发和零售业、住宿和餐饮业、房地产开发经营业、重点服务业和部分第三产业等分行业报表。

省级设计管理部门在严格执行国家《企业一套表统计调查制度》的基础上，统一管理并确定本级及下级增加或调整的调查内容，包括增加指标、报表、调查频率和扩大调查范围等，但不得删除国家制度内容。通过指标、目录、分组、报表、审核和汇总关系等元数据标准，实现国家与地方调查内容的分离和后期的专业数据共享。

1.提出制度制修订要求。设计管理部门提出企业一套表制度修订工作指导思想、总体原则、重点修订内容、日程安排和格式要求。

2.提出制度制修订内容。各级专业部门按照要求提出一套表制度修订内容，并对本级本专业制度的指标名称、指标解释、统计范围等的正确性负责。

3.确定制度内容。设管部门对各专业制度修订内容进行审核，并与相关专业部门充分协商，统一规范企业一套表制度的统计范围、统计内容、统计原则、数据采集和处理方式。统一规范企业一套表的报表管理时间、组织实施方式，统一规范各专业统计指标的名称、涵义、计算方法、分类标准和统计编码，统一规范专业间指标摘抄方式、数据处理与使用方式等业务内容，经与各相关专业磋商最终确定制度修订内容并进行统一设计。

4.编制数据审核规则。国家统计局专业统计部门编制基层表审核规则和数据处理要求，包括跨表和跨期数据审核、数据摘抄、计算，确定指标或报表是否为可编辑，确定审核规则级别。

省及省以下各级专业部门编制本地区增加的审核规则和数据处理要求。

5.编制综合表和汇总表数据加工要求。国家统计局专业统计部门编制综合表和汇总表汇总条件，确定资料来源等数据加工要求。

省及省以下各级编制本地区增加的汇总表汇总条件，确定资料来源等数据加工要求，不得与上级相关工作要求冲突。

6.履行审批手续。国家企业一套表制度在范围、内容等方面的重大调整须充分征求相关专业意见，经局专题会议研究讨论，报请局常务会审议通过。

省级在严格执行国家统计局《企业一套表统计调查制度》的基础上，统一管理并确定省及省以下增加或调整的调查内容，由本级设计管理部门报国家统计局审批后执行。不得与国家制度重复矛盾，制度一经审批，不得随意修改。

地市和县级统计机构在严格执行省级调查制度的基础上统一管理并确定本级增加或调整的调查内容，由本级设计管理部门报省级统计机构设计管理部门审批后执行。不得与上级制度重复矛盾，各级制度一经审批，不得随意修改。

7.制定分行业企业一套表报表。设计管理部门根据最终确定的各专业统计机构用年定报统计报表制度合成调查单位使用的分行业企业一套表制度，返给各有关专业审校；各专业对本专业负责的统计内容进行校对；校对无误后返给设计管理部门，确定最终调查单位用制度。

8.印刷和分发统计机构用和调查单位用分行业企业一套表制度。

四、开发数据采集处理软件

1.制定业务需求框架。国家统计局统计设计管理司组织制定《企业一套表数据采集处理软件基本业务需求框架》，提出对软件的总体目标要求及业务流程各环节的基本业务需求。

2.制定技术标准。国家统计局数管中心根据《企业一套表数据采集处理软件基本业务需求框架》，制定数据采集处理软件技术标准、数据处理交换标准、整理历史数据的标准格式，制定数据采集处理方案。

3.开发和完善数据采集处理软件。国家统计局数管中心根据调查单位和各级、各专业统计业务处理需求，组织开发和完善数据采集处理软件。

4.软件测试。国家统计局数管中心搭建测试环境，供国家和省级有关人员测试软件功能，以及带数据测试定制基层表、综合表和汇总表。

5.省及省以下各级统计机构依据经过设计管理部门批准的本级统计调查制度对软件进行再开发。

第二节 调查单位确定和管理

调查单位确定和管理由设计管理部门和名录库管理部门牵头组织，各有关专业部门分工负责，本环节包括制定统计单位标准、更新维护调查单位及基本信息、确定和管理企业一套表调查单位、确定统计管理机构和调查单位管理级别、分配调查单位、创建和维护账户等。具体包括：

一、更新调查单位基本信息

1.行政记录获取基本单位更新信息。各级名录库管理部门按制度要求定期从同级编制、民政、工商、税务、质监等行政主管部门收集新增、变更、注销单位行政登记资料，并根据单位活动在地原则，将上级和本级报告期内部门行政登记资料逐级分解到下一级名录库主管机构直至县级。

2.专业统计调查获取基本单位更新信息。各级有关专业将各项统计调查获得的法人单位和产业活动单位的单位变动情况、单位基本信息变更资料反馈同级名录库管理部门。

3.基本单位信息核实。各级统计机构名录库管理部门按照单位活动在地原则，对新增单位进行调查，对变更和注销单位的情况进行核实，解决辖区内跨地区、跨专业的重复单位问题，并将审批材料提交相关专业部门进行审核。

4.基本单位信息核查确认。各级专业部门对同级名录库管理部门提供的新增、变更及注销单位进行实地核查，确认报表类别和行业类别，补充本级直管单位的增减变动情况，提出确认意见反馈给统计名录库管理部门。

5.基本单位名录库材料审批。各级名录库管理部门将专业核查后的审批材料逐级上交上级名录库管理部门。

6.基本单位名录库更新。上一级名录库管理部门授权的维护人员，按照调查取得或核实后的名录库资料，在全国基本单位名录库管理系统平台上，按权限更新名录库数据，并逐级反馈下一级名录库管理部门。

二、确认调查单位

1.确认调查单位。各级名录库管理部门按照上级名录库管理部门的有关要求，依据《企业一套表统计调查制度》，组织相关专业部门共同确认本地区、分专业的一套表统计调查单位增减变动情况，协调解决跨专业、跨地区重复单位，逐级上报至国家统计局普查中心。

2.生成调查单位库。国家统计局普查中心组织相关专业司共同确认分地区、分专业的一套表统计调查单位，生成全国企业一套表调查单位库，并逐级反馈。各级名录库管理部门依据上级反馈和本地区认定增加的调查单位，生成本地区调查单位库。

3.加载调查单位库。国家统计局加载国家节点省的调查单位库；分节点的省根据国家统计局确定的调查单位库，在省级数据采集处理应用环境中加载本地区调查单位库。

三、设置和管理调查单位账户

1.设置填报单位。各级专业统计部门根据本级名录库管理部门提供的本级增加的企业一套表调查单位名录库情况，在下一个报告期数据采集之前完成报表填报单位设置工作。

2.确定并编制调查单位标识及代码。各级设计管理和名录库管理部门组织相关专业部门依据制度要求在统一管理的调查单位中确定年定报重点调查单位名单，并编制标识代码。上级统计局已设置的单位标识及代码不得修改、删除。

3.确定管理调查单位的统计机构。省及省以下名录库管理部门自上而下逐级确定管理调查单位的统计机构，依据《企业一套表统计管理机构名称及代码编码办法》，统一编制“统计管理机构名称及代码”，解决各级直管单位、各级开发区、农垦（兵团）系统等的数据采集、审核、验收、汇总等管理需要。上级统计机构已设置的“统计管理机构名称及代码”不得修改、删除。

4.确定调查单位的管理级别。纳入企业一套表的调查单位实行分级管理，自上而下逐级确定管理级别，一个调查单位只能属于一个统计机构管理。省及省以下各级名录库管理部门统一管理调查单位级别，在数据采集处理应用环境中向下级分配其管理的调查单位。

5.创建调查单位账户。国家统计局数管中心在数据采集处理应用环境中创建调查单位账户；分节点的省根据国家统计局确定的调查单位账户，在省级数据采集处理应用环境中加载本地区调查单位账户。

6.维护调查单位账户。省及省以下各级在数据采集处理应用环境中维护调查单位账户，包括重置调查单位账户密码，启用账户、关闭（按规定不允许网报的单位）账户等。

第三节　任务部署

本环节包括部署数据采集处理应用环境，分配系统和业务管理权限，定制基层表、综合表和汇总表，定制专业处理要求和报表管理时间，向调查单位分配报表；工作布置和分专业讲解调查内容，对调查单位进行业务培训等活动。

一、部署数据采集处理应用环境

1.搭建测试环境。国家统计局数管中心搭建测试环境，并在测试环境中分配制度设计、业务处理等管理权限。

省及省以下各级统计机构数管部门在国家统计局搭建的测试环境中，分配制度设计、业务处理等管理权限。

2.搭建培训环境。国家统计局数管中心在报表定制测试等工作完成后，搭建培训环境，供各级专业开展专业培训使用。

3.国家统计局部署企业一套表数据采集处理应用环境（包括调查单位库，定制测试完成的基层表及审核规则，综合表和汇总表及汇总要求，各表管理时间，加载历史数据和报告期数据等）。

分节点的省以国家统计局部署的数据采集处理应用环境为基础，部署本地区企业一套表数据采集处理应用环境。

省及省以下各级统计机构以上级部署的数据采集处理应用环境为基础，部署本地区企业一套表数据采集处理应用环境。

二、管理和分配用户及权限

1. 创建任务。国家统计局统计设计管理司根据《企业一套表统计调查制度》的内容和要求，提出创建任务申请，由数管中心依据制度内容在企业一套表联网直报平台中创建统计调查任务。

省及省以下各级统计机构新建统计调查任务，由设管部门根据经过国家或省级统计局批准的地方统计调查制度内容，提出新建调查任务申请，提交数据管理部门，由数管部门在一套表联网直报平台中创建统计调查任务。

2. 提出权限分配申请。各级专业统计部门在规定时间内，向本级数管部门提交本专业统计业务人员基层表和汇总表管理和处理权限分配申请。

3. 设置权限分配。各级数管部门在应用环境中分配本级各专业制度设计、业务处理等管理权限，并逐级分配给下级数管部门。

4. 变更权限分配。统计人员离职，由本单位人事部门出具证明提交本级数管部门，数管部门负责删除该用户权限。本专业人员分工调整由本专业提出统计业务人员汇总表执行权限变更申请，提交本级数管部门，数管部门依据申请变更权限分配。

三、定制和再设计统计调查制度

1. 分专业定制基层表。国家统计局专业统计部门按照《企业一套表统计调查制度》的内容和要求，会同数管中心在测试环境中定制本专业基层表、数据审核规则和数据处理要求（包括跨表、跨专业和跨报告期复制、摘抄和计算生成新的指标数据等）；省及省以下各级统计机构专业统计部门根据审批后的本地区增加或调整的调查内容，在数据采集处理应用环境中定制本专业基层表、数据审核规则和数据处理要求。

2. 分专业测试基层表。各级专业统计部门会同数管部门在测试环境中带数据测试本专业基层表、数据审核规则和数据处理要求，验证加载的历史数据。

3. 分专业定制综合表和汇总表。各级专业统计部门会同数管部门在测试环境中定制本专业综合表、汇总表、汇总条件和数据加工要求。

4. 分专业测试综合表和汇总表。各级专业统计部门会同数管部门在测试环境中带数据测试本专业综合表、汇总表、汇总条件和数据加工要求，验证加载的历史数据。

5. 定制报表管理时间。国家统计局设管部门会同专业统计部门在数据采集处理应用环境中定制本专业各报告期基层表填报起止时间、提醒和催报时间，省级审核、验收、上报截止时间，综合表上报截止时间等。

分节点的省以国家统计局定制的报表管理时间为基础，在本地区数据采集处理应用环境中定制各报告期基层表填报起止时间、提醒和催报时间。

省级设管部门确定并在数据采集处理应用环境中定制省以下各级审核、验收基层表截止时间，综合表上报截止时间等。

省以下各级设管部门在数据采集处理应用环境中定制本级新增报表的审核、验收截止时间，综合表上报截止时间等。

四、分配报表

1. 分配基层表。国家统计局专业部门在数据采集处理应用环境中统一向调查单位分配基层表。

省及省以下各级专业部门以上级向调查单位分配的基层表为基础，在本地区数据采集处理应用环境中对本地区增加的调查单位分配基层表。

2. 分配综合表和汇总表。国家统计局专业部门在数据采集处理应用环境中统一向省级分配应上报的综合表，以及可以使用的汇总表。

省及省以下各级统计机构以上级分配的综合表和汇总表为基础，统一向下级分配应上报的综合表，以及可以使用的汇总表。

3. 确定管理权限。国家统计局、省及省以下各级统计机构根据专业统计业务管理要求，统筹安排，分别确定系统管理、业务管理和业务处理的管理权限，以及具体管理人员等。

4. 分配管理权限。国家统计局数管中心系统管理员在数据采集处理应用环境中分配设计管理部门、名录库管理部门和专业部门业务管理人员的管理权限；各部门的业务管理人员在数据采集处理应用环境中分配各业务环节中本专业业务处理人员的管理权限。

省及省以下技术支持部门系统管理员在数据采集处理应用环境中分配设计管理部门、名录库管理部门和专业部门业务管理人员的管理权限，各部门业务管理人员在数据采集处理应用环境中分配各业务环节中本专业业务处理人员的管理权限。

五、加载历史数据

1. 准备历史数据。国家统计局专业部门根据统一确定的调查单位，结合本专业数据审核、汇总等需求，按规定格式要求整理专业历史数据。

2. 加载调查单位基本情况表数据。国家统计局普查中心在数据采集处理应用环境中加载各报告期调查单位基本情况表数据（包括调查单位标识代码），设置报告期指标的编辑处理方式。

省及省以下各级数管部门在数据采集处理应用环境中加载本级增加的调查单位基本情况表数据。

3. 加载历史数据。国家统计局数管中心在数据采集处理应用环境中加载历史数据。

省及省以下各级数管部门在数据采集处理应用环境中加载本级增加的调查单位的相关历史数据。

4. 处理同期数据。各行业报表中“上年同期”数据统一由国家统计局或省级统计机构在数据处理软件中复制并锁定，调查单位和各级统计机构均不得修改；本年新增的调查单位自行填报“上年同期”数据。

5. 初始化数据。各级统计机构业务人员根据采集表的管理权限，初始化报告期数据。

六、开展业务培训

1. 搭建培训环境。国家统计局数管中心在软件功能完善、报表定制测试等工作完成后，搭建培训环境，供各级各专业开展专业培训使用。

2. 全面布置工作和综合培训。各级统计局设计管理部门编制综合培训手册，统一布置企业一套表工作，综合培训《企业一套表统计调查制度》设计说明、企业一套表业务流程及业务分工等工作要求，负责问题解答。

3. 分专业布置调查内容和业务培训。各级专业部门编写企业一套表专业业务操作手册，布置分管专业企业一套表工作，讲解调查内容和基层表填报要求以及数据采集、审核、处理、汇总及管理等工作要求，并负责专业问题答疑等。培训形式可以分专业进行，也可以专业间联合进行。

4. 软件培训。国家统计局数管中心编写数据采集处理软件技术和操作手册，对本级专业部门和下级技术支持部门进行数据采集处理软件技术和操作培训。

省及省以下各级技术支持部门分别对本级专业部门和下级技术支持部门进行数据采集处理软件技术和操作培训。

5. 调查单位培训。县级统计机构（或其他直接接受基层表的统计机构）统一组织对调查单位进行业务培训，分专业讲解基层表调查内容和填报要求，以及网上数据填报、审核、提交方法、网报设备和环境要求等内容。

第四节　数据采集

本环节指调查单位的数据填报。包括调查单位内部业务分工、分配管理权限、填报数据、接受数据查询、打印和存储基层表数据等业务活动。

一、分配调查单位内部业务管理权限

1. 下载安装身份认证用户证书（CA 认证）。国家联网直报系统采用数字证书进行用户身份认证。调查单位第一次填报报表时，需先下载并安装身份认证用户证书（CA认证）。

2.确定内部分工。调查单位根据本单位内部分工，确定负责企业一套表工作的统计负责人（或由主营业务统计人员兼任），以及相关专业的统计人员，明确工作职责、业务管理权限和分管的基层表。

3.分配业务管理权限和报表。调查单位统计负责人（或主营业务统计人员）指定专人在数据采集处理应用环境中向本单位统计人员分配业务管理权限和分管的基层表等。

二、如实登记和填写企业统计人员信息

1.填写个人信息。调查单位统计人员在数据采集处理应用环境中如实填写个人信息。

2.维护个人信息。调查单位统计人员登陆数据采集处理软件后，在应用环境中修改密码，修改和维护个人基本信息。

三、网上填报数据

1.网上填报数据。调查单位统计人员根据分管基层表的填报内容、起止时间等要求，按规定完成基层表数据填报。不允许网上填报的单位，根据有关要求采取其他方式报送。

2.数据暂存。调查单位统计人员在报表填报过程中遇有特殊情况可以进行数据暂存，以便继续填报时载入或通过某种固定格式导入报表数据内容，继续完成填报。

3.基层表数据逻辑审核。调查单位统计人员在填报过程中根据软件逻辑审核要求，完成数据审核，包括本表、跨表数据审核，以及本期、跨期数据审核，需要做出说明的要认真填写说明。

四、上报数据和接受数据查询

1.数据上报。调查单位统计人员将通过逻辑审核的基层表通过联网直报系统上报，各级统计机构同时在线共享（按规定不允许网报的单位根据县级或其他直接接收基层表的统计机构的要求，填写纸介质报表，按规定渠道和时间上报）。

2.接受数据查询。调查单位统计人员完成基层表数据填报、审核、提交等工作后，要随时接受统计机构对上报数据等情况的查询，修正错误数据，直至基层表数据通过各级验收为止。

3.数据存储。调查单位基层表数据经各级审核、验收、最终确认后，应打印（带水印）基层表留存和存储数据。

第五节　数据审核验收

本环节包括各级专业统计部门在统一的数据采集处理应用环境中对基层表数据进行审核、验收、查询和评估等业务活动。具体包括：

一、监测数据报送进度及催报

1. 基层表进度监测。调查单位直管机构及其上级统计机构专业统计部门，根据专业管理权限即时查看调查单位基层表上报情况，及时提醒并督促调查单位在规定的时间内上报，对未按时上报的调查单位进行催报。

2. 下级数据验收进度监测。各级专业统计部门根据管理权限即时查看下级数据验收情况，提醒并督促下级在规定的时间内验收基层表数据。

二、审核验收基层数据

1. 审核验收。县级统计机构（或其他直接接收基层表的统计机构）在规定的时间内，即时对调查单位填报的基层表数据进行审核、验收，对存在问题或错误的基层表进行“验收不通过”处理，即时退回企业修改，直至本级验收通过。

2. 采集直管。在数据采集过程中，各级统计机构业务人员根据采集表的采集权限，对直管范围内的调查单位数据进行催报、查询、验收等业务处理。

3. 评估监管。调查单位数据采集工作完成后，县级以上统计机构业务人员根据采集表的评估功能权限，对直管和监管的调查单位数据进行查询、评估、汇总、导出等业务处理。

三、查询和返回企业修改

1. 查实基层数据。县级以上统计机构在下级验收后，即时开始本级的数据审核验收工作。在本级验收期内，发现下级已经验收的基层表数据有问题或存在错误时，进行“验收不通过”处理，并即时将基层表退回下级查实确认。下级在数据上报期间应及时对上级退回查询的基层表进行核查。

2. 返回企业修改。经核实需要企业修改的基层表，需逐级向下返回企业。

3. 基层数据修正。县级（或其他直接接收基层表的统计机构）收到上级验收不通过的基层表后，及时将上级验收不通过的基层表退回调查单位，并发送“退回修正数据通知书”，督促调查单位修正数据，审核通过后重新提交基层表，直至各级验收通过为止。

4. 各级在数据处理时系统自动记录调查单位数据填报、审核、修正和提交基层表等操作痕迹，以及自动记录各级验收、退回、修改基层和汇总数据、数据导入和导出等操作痕迹。

四、上报数据

省及省以下各级统计机构按照上级制度和数据采集处理软件格式要求，审核通过后上报数据。

五、国家级数据验收

1. 数据锁定。国家统计局数管中心按照制度规定的报表管理时间，对已到省级验收截止期的报表执行数据锁定。

2. 摘抄计算。国家统计局普查中心对“从业人员期末人数”、“营业收入”、“其中：主营业务收入”和“资产总计”等指标数据进行摘抄，计算单位规模，用于专业审核汇总（仅限年报）。

3. 同步合库。国家统计局数管中心通过实时同步实现合库，各专业将合库后的数据导入保密机进行审核验收。

4. 审核查询。各专业进行数据审核查询，发现和确定错误数据，向企业和具有相关数据修改权限的各级统计机构用户发送数据修改通知单，国家或由国家授权省级统计机构开启企业端相关报表的数据修改权限。

5. 修改上报。相关企业核实确认本企业数据，按时完成必要的修改后通过联网直报系统重新上报。

6. 重新审验。相关各级统计机构重新进行审核验收。

7. 再次合库。国家统计局数管中心再次通过实时同步实现合库，各专业将合库后的数据导入保密机再次进行数据审核验收。

8. 数据确定。如有必要，反复进行 4—7，直至数据修订结束。

9. 再次摘抄。国家统计局普查中心根据各专业司确定的数据对再次进行数据摘抄，并重新计算单位规模。

10. 数据汇总。各专业完成最终数据汇总。

第六节　数据加工汇总

本环节包括各级名录库管理部门和专业部门加工处理综合表和固定汇总表，增加自定义汇总表，管理数据，数据质量评估和数据分析等业务活动。

一、固定表式汇总

1. 汇总查询。各级统计机构业务人员根据汇总执行权限对汇总级别范围内的调查单位数据进行查询、汇总、设置汇总表状态、查询汇总数据、导出汇总数据等业务处理。

2. 加工处理综合表。省级专业部门按照专业统计报表制度规定，在数据采集处理应用环境中加工汇总综合表，在规定的时间内提交报表。

3. 加工处理固定汇总表。各级专业部门加工汇总固定汇总表，编辑整理专业资料。

二、自定义表式汇总

增加自定义汇总表。各级专业部门根据本专业数据使用需求，增加自定义汇总表，进行数据加工汇总。

三、数据发布和存储管理

1. 按照数据发布的有关要求，生成发布数据。在汇总、查询等模块调用制表打印功能。

2. 存储数据。调查单位基层表数据经各级审核、验收、最终确认后，应打印（带水印）基层表留存和存储数据。

3. 管理数据。各级专业部门在数据采集处理结束后，在统一的数据采集处理应用环境中对基层、综合和汇总数据按权限进行管理。

4. 数据质量评估。国家统计局专业部门根据本专业企业一套表数据质量管理办法，建立数据质量审核和专业间数据协调性评估制度，对基层、综合和汇总数据进行分析评估。

5. 数据分析。各级专业部门充分开发利用基层数据、综合数据和汇总数据，对宏观和微观经济发展情况变动和趋势进行分析，为各级政府和社会公众提供信息服务。

6. 统计调查制度问题反馈。专业部门和技术支持部门将统计调查制度执行中发现的问题进行归纳总结，反馈设计管理部门。

第四章　同方公司软件基本操作说明

第一节　企业用户操作说明

通过企业一套表数据采集处理软件平台和联网直报系统，企业统计人员可以进行直报用户个人信息维护，企业内部子账号管理，报表数据填报、审核、上报，差错数据修改等业务操作。

一、用户管理和权限分配

企业用户通过建立子账号，为子账号分配报表，实现企业内部用户的权限管理。

(一)创建子账号：

企业用户可在“创建子账号”功能中填写子账号信息，包括：用户名(用户名为九位组织机构代码＋“－”两位字母，例如“XXXXXXXXX－XX”)、真实姓名、手机号、电子邮件、电话、分机号、统计从业资格证号，点击【保存】按钮，完成创建本企业的子账号操作。

(二)维护子账号：

“维护子账号”主要完成查询基层单位子账号、删除子账号、维护子账号信息和维护报表分配的功能。

1．查询基层单位子账号：基层单位管理员通过“用户名、真实姓名、所填报表”作为条件查询出需要进行维护的本单位的子账号；

2．删除子账号：对于查询出来的子账号列表，除去统计局创建的基层单位管理员账号不能删除外，其余由基层单位管理员创建的本单位子账号都可以选中，并被删除(删除后分配给子账号的报表自动修改为主账号管理)；

3．维护子账号信息：点击子账号列表中“修改”链接，进入子账号基本属性界面，可修改账号基本信息(包括：子账号信息修改、初始化子账号密码)；

4．维护报表填报权限：点击子账号列表中“分配报表”链接，维护子账号的报表填报权限。

二、个人信息填写

“维护账号信息”提供基层单位维护自身信息的功能。填报人可在此界面完善或更新自身账号信息和密码，提高了账户的安全性。用户点击功能清单“维护账号信息”即可进入本功能，本功能内包含两个业务功能页签：账号信息维护和密码修改。

(一)账号信息维护：

系统列出当前用户账号的信息，包括：用户名、真实姓名、手机号、电子邮件、电话、分机号、统计从业资格证号。其中，用户名不能修改，用户可以修改其他的信息；带“*”标志的内容不可以为空。

(二)密码修改：

用户通过填写旧密码、新密码、确认新密码三项信息后，点击【保存】按钮完成修改密码操作。

三、数据填报

企业用户可在报表填报功能中进行报表的报送，在报表列表中点击【填报】按钮，进入报表填报界面，进行数据的输入和暂存操作。

范例 1：填报定长报表

第 1 步：“录入/修改”数据(用户录入一个数据后按 Enter 键，光标键自动跳转到下一录入位置)；

第 2 步：点击【暂存】按钮，保存数据(用户应随时保存数据，以防新录入的数据丢失)。

注意事项：

(1)用户应保证每 30 分钟内至少保存过一次数据，否则会导致录入数据丢失。

(2)填表人、联系电话等报表信息，系统将从账号信息中自动获取，其它项目需手动填写。用户第一次登录时需在该功能中填写真实姓名，保存后则在定长报表中填报人一栏显示，其它项目需手动填写。

范例 2：填报需要在目录中选择内容的报表

如果用户选择的报表是需要从目录中选取内容的报表，则有两种目录选择方式供用户使用：

方式一：下拉列表方式

系统会在下拉列表中列出该指标可选的填报内容，用户选择一个即可。此种方式仅可选择，不可录入。

方式二：直接输入或弹出窗口选择方式

在该指标的数据录入区域中双击鼠标左键，系统弹出目录选择窗口，用户点击【清空】按钮，则系统会清除用户输入的查询条件(目录代码和目录名称)；如果用户点击【取消】按钮，则系统会关闭目录选择窗口。

注意事项：

在直接输入或弹出窗口选择方式下,用户也可以在该指标的数据录入区域中直接录入代码,而不使用弹出窗口进行选择。

范例 3:填报不定长报表

如果用户填报为不定长报表(即报表中包含不定长目录),则用户需要从弹出窗口中选取目录进行填报或在报表中直接录入目录代码进行填报。操作有两种方式:

方式一:代码填报方式

第 1 步:点击【插入空行】按钮,系统会在光标所在行下,一次性插入 5 个空行;

第 2 步:直接输入目录代码和指标数据,或双击鼠标弹出目录窗口选择代码。

注意事项:

用户可以直接输入目录代码和指标数据。如果用户输入的目录代码含有非法码,则在数据保存时,系统将不予以保存,并在界面清除非法数据。

操作技巧:

对于已经录入的目录数据(目录代码和对应的指标数据),如果需要删除,则可以按照以下步骤执行:

① 把光标定位在要删除的目录行上;

② 清除该行上所填的所有内容(包括目录代码和对应的指标数据);

③ 点击【暂存】按钮。系统更新报表内容,该行数据即被删除。

方式二:选择目录填报方式

第 1 步:点击【选择目录】按钮,会出现一个弹出窗口"选择目录项"窗口;

第 2 步:输入查询条件,点击【查询】按钮,查询结果显示在左侧列表中;

第 3 步:选择目录,点击【选择】按钮,把选中内容加入右侧列表;

第 4 步:选择完毕,点击【确定】按钮,把右侧列表中的内容填入报表。

注意事项:

用户可以使用 Shift 或 Ctrl 键进行多选。在目录选择窗口中,用户可以执行的操作还包括:

① 取消:在已选中列表中选择需要取消的内容,点击【取消】按钮,把选定内容移除出已选中列表。

② "全部选择"或"全部取消":作用与"选择"、"取消"一致,是对全部目录的批量操作。

③ "向上"或"向下":用于调整已选中列表中各目录项的上下顺序,点击一次,选中目录则向上/向下移动一个位置。

操作技巧:

对于已经录入的目录数据(目录代码和对应的指标数据),如果需要删除,则可以按照以下步骤执行:

①点击【选择目录】按钮，在弹出的“选择目录项”中：

第 1 步：选择需要删除的目录，可以使用 Shift 或 Ctrl 键进行多选；

第 2 步：点击【取消】按钮，右侧把选中内容加入左侧列表，已选择的目录项被取消；

第 3 步：取消完毕，点击【确定】按钮，删除目录代码操作结束。

② 系统更新报表内容，该行数据即被删除。数据录入完毕后的业务操作过程与定长表的完全一致，具体业务操作请参见定长表“第 2 步”之后各步的操作描述。

范例 4：填报项目报表

如果用户需要进行项目填报，则需要在登录界面的报表列表区域中点击项目名称右侧的【项目填报】按钮，这样即可进入该类项目的项目填报界面（填报已有项目的报表从第 4 步开始）：

第 1 步：如果有新增的项目，点击【新增项目】按钮；如果没有，请跳至第 2 步填报已有项目的报表。

用户点击【新增项目】按钮后，系统显示该类项目所需填报的全部报表中的一张必填报表（一般来说，必填报表都是该类项目的基本信息表）的填报界面。

第 2 步：输入项目代码、项目名称，填写报表内其他必填的内容。

第 3 步：填写完毕后点击【暂存】按钮。

注意事项：

在填写项目报表时，报表填报方法、过程与填写普通报表时完全一致，请参见“范例 1”的相关描述。此外，系统会显示该项目应填报的所有报表的列表，用户点击列表中的某一报表，系统就会切换显示该报表的填报界面。

第 4 步：选择需要填报的项目报表，进行已有项目报表的填报。

第 5 步：填写数据。

第 6 步：填写完毕，点击【暂存】按钮，保存数据。

四、数据审核

企业用户在暂存完数据以后，执行审核的操作，对其填报的数据进行审核，审核后出现的四类审核规则及处理办法如下：

A 类错误：为强制性错误，必须修改相关数据，直至符合规则要求。

B 类错误：为准强制性错误，需联系直管统计机构人员解锁，解锁后填写澄清说明方能符合要求；若统计机构人员告知数据不符合要求不能解锁，需修改数据直至符合要求。

C 类错误：为核实性错误，必须填写澄清说明方能符合要求。

D 类错误：为可忽略错误，仅起到告知企业的作用，企业用户可不作任何处理。

录入完毕后如果功能按钮区有【计算】按钮，点击【计算】按钮，执行完计算操作后，点击报表页面下方的【审核】按钮进行审核。如果审核后存在错误，在错误列表中点击一条错误，系统以红色显示此错误涉及的数据位置。如果数据填写有误，则直接修改；如果数据真实无误，点击此错误右侧对应的【填写】按钮，填写数据，填写完毕，点击【暂存】按钮，保存数据。

五、数据提交

审核通过后的报表数据就可以进行提交上报了，报表数据如果带有错误需要填写完整澄清说明方可提交上报。

(一)普通表上报

全部审核错误处理完毕，点击【提交】按钮，提交之后系统提示"上报成功"。

报表成功上报，上报之后的报表如果上级单位还未进行验收操作或者该报表还未过填报截至时间，企业还可以进行撤销上报，修改数据后再次提交。

(二)项目表上报

一个项目下的所有报表都填报完且对报表中的错误都处理完后，就可以点击此项目对应的【提交项目】按钮。

注意事项：

在本系统中，项目报表的提交必须以项目为单位(即一个项目下的所有报表必须一起提交)，因此对项目报表的提交功能显示在列表中每个项目的右侧。用户点击某个项目的【提交项目】按钮，系统会对该项目所涉及的所有项目报表进行数据审核。如果满足提交条件(与普通报表的提交条件相同)，则可成功提交；反之，则提示错误信息，告知用户在处理完报表中的审核错误后再提交，此时用户需要打开该项目下的报表，对错误进行处理后，返回项目列表界面再次执行提交项目的操作。

六、差错数据修改

统计机构人员若发现企业数据存在问题，会执行数据返回查询的操作并通知企业修改差错数据，企业需按照统计机构的要求在报表填报功能进入报表修改数据并上报。

如统计机构返回修改是带标记的返回修改，需填写标记说明后提交。

七、查看通知通告

【通知通告】功能以滚动形式显示统计机构发送给本单位的各类通知的通知标题。用户可以点击某条滚动的通知标题，直接查看通知的详细内容；也可以点击右下的【更多…】，查看所有的通知。

当没有未阅读的通知时，此区域显示“当前没有未阅读的通知”。

通知主要分为提醒、修改、认可、告知、迟报、文件和催报等类型。用户可以查看通知的详细内容，删除已阅读的通知（非文件类的通知），还可以再次查看已阅读过的通知。

数据状态说明：

填报主界面下半部分是当前用户最近报告期内全部应处理或已处理的各种报表的列表。报表列表中包含的内容可以分为两部分：普通报表和项目报表。普通报表显示在列表的上部，项目报表接在所有普通报表的下方显示。

用户可以有两种方式查看报表，分别为当期报表和全部报表。

在列表中可以看到报表的【报表表号】、【报表名称】、【报告期】、【报表频度】、【填报开始日期】、【填报结束日期】、【审核错误状态】、【报表状态】、【操作】这几项信息。

返回修改：

企业登录系统，如果有报表数据是返回修改状态，会在【通知通告】列表中显示修改通知，并且在报表列表中，报表状态为【返回修改】状态。

点击【修改】按钮按照统计机构要求修改数据并填写标记说明后，再次进行提交上报。

第二节　县级及以下统计机构用户操作说明

通过企业一套表数据采集处理软件平台和联网直报系统，县级及以下统计机构所能处理的业务操作包括：辖区内企业的联网直报用户及权限管理、本级必要的制度定制、企业上报数据的审核验收、辖区内联网直报进度监管、数据上报上级统计机构、本级的数据处理等。

一、直报用户及权限管理

县级及以下统计机构用户对辖区内企业的联网直报用户进行密码重置的操作，从采集管理功能中的单位账户管理功能进入重置密码即可。

二、制度定制和报表分配

系统支持该功能，目前尚未对省级以下开放。

三、数据审核验收

县级及以下统计机构用户在采集直管中的采集业务处理和采集监管中的监管业务处理功能中选择相应的报表进入，查询出管辖范围内的企业，进入企业报表查看数据。

点击【公有】按钮，对企业进行批量公有审核。

若数据不符合要求，在直管或监管的业务处理中选批量返回修改然后选中企业执行返回修改操作（如是直管企业，在直管业务处理中做返回修改即可）。

也可通过“统计业务处理（新）”的功能进行业务处理，返回修改可加标记。

查询返回修改的企业数据分为两种：

①返回修改再上报

在“统计业务处理（新）”主页面业务状态选择 返回修改再上报 选项，点击 查询 按钮，系统会将所有返回修改再上报的企业数据显示在企业列表中，点击单位名称链接进入到报表详细信息页面。

此页面左侧是报表信息，可以对该企业数据进行审核、验收通过、验收不通过、返回修改、导出、查看历史数据等操作。

页面右侧是提示信息，在此页面可以查询审核信息、数据流转过程、修改记录、标记信息、更多信息。

点击数据流转过程页签，系统显示出该企业由所有级别统计机构用户所做出的验收操作。

点击修改记录页签，可以查看该企业修改数据的详细信息。

点击标记信息页签，可以查看该企业被统计机构所打的所有标记，并且可以对标记进行修改、取消、新增等操作。

点击更多信息页签，可以显示企业数据状态、审核结果、直管机构等详细信息。

②返回修改未上报

在“统计业务处理（新）”主页面业务状态选择 返回修改未上报 选项，点击 查询 按钮，系统会将所有返回修改未上报的企业数据显示在企业列表中。

四、进度监测和报表催报

县级及以下统计机构用户可在采集进度查看和采集进度查看（分地区）两个功能中对辖区内的企业报表报送情况进行进度监测。

【采集进度查看】功能提供用户查看某一报表在某一报告期的业务处理过程中的采集业务处理情况统计结果。采集业务处理情况包括：报送情况（直管企业中已提交/未提交报表的企业个数）、审核情况（直管企业中的已提交企业中，审核已通过/审核未通过的企业个数）、验收情况（直管企业中的已提交企业中，验收通过/验收不通过/未验收的企业个数）的业务情况统计（个数统计和名单查询）。

对于没有上报的企业，可以在辅助功能中的单位账号查询功能中查询出企业的联系方式然后进行催报。

五、数据验收提交

若数据符合要求，在直管或监管的业务处理中对其验收通过（如是直管企业，在直管业务处理中做验收通过即可），也可通过“统计业务处理（新）”的模块进行验收。

验收通过：

在统计业务处理（新）中，在选择列中选择需要进行验收的企业，可以选择几条数据，也可以本页全选。选择完毕之后点击 验收通过 ，系统弹出填写验收意见窗口。如果所选择的企业有不符合验收条件的，系统会给出提示。

批量验收通过：做批量验收的时候需要在批量操作中选择“可批量验收通过”选项，点击查询，系统会将所有符合验收通过的企业查询出来。页面会隐藏验收不通过、取消验收、返回修改按钮，并且在冻结旁边多出结果集全选的选项。

勾选结果集全选，点击 验收通过 按钮，系统弹出填写验收意见窗口，填写完验收意见点击确定，批量验收通过成功。

验收不通过：

统计业务处理（新）中，在选择列中选择需要进行验收不通过的企业，可以选择几条数据，也可以本页全选，选择完毕之后点击 验收不通过 ，系统弹出填写验收意见窗口。如果所选择的企业有不符合验收条件的，系统会给出提示。

批量验收不通过，做批量验收不通过的时候需要在批量操作中选择“可批量验收不通过”选项，点击查询，系统会将所有符合验收不通过的企业查询出来。页面会隐藏验收通过、取消验收、返回修改按钮，并且在冻结旁边多出结果集全选的选项。

勾选结果集全选，点击 验收不通过 按钮，系统弹出填写验收意见窗口，填写完验收意见点击确定，批量验收不通过成功。

取消验收：

统计业务处理（新）中，在选择列中选择需要进行取消验收的企业，可以选择几条数据，也可以本页全选，选择完毕之后点击 验收不通过 ，系统弹出填写验收意见窗口，如果所选择的企业有不符合验收条件的系统会给出提示。

批量取消验收，做批量取消验收的时候需要在批量操作中选择“可批量取消验收”选项，点击查询，系统会将所有符合取消验收的企业查询出来。页面会隐藏验收通过、验收不通过、返回修改按钮，并且在冻结旁边多出结果集全选的选项。

勾选结果集全选，点击 验收不通过 按钮，系统弹出填写验收意见窗口，填写完验收意见点击确定，批量取消验收成功。

六、返回企业查询修改

若数据不符合要求，在直管或监管的业务处理中选批量返回修改然后选中企业执行返回修改操作(如是直管企业,在直管业务处理中做返回修改即可),也可通过“统计业务处理(新)”的模块进行返回修改。

在“统计业务处理(新)”中,在选择列中选择需要进行返回修改的企业,可以选择几条数据,也可以本页全选,选择完毕之后点击返回修改,(注:执行返回修改操作时,会将各级验收状态清空。)系统弹出填写验收意见窗口,国家级做返回修改的时候需要设置企业返回修改再上报的截止时间,非国家级无此选项;如果所选择的企业有不符合返回修改条件的系统会给出提示。

批量返回修改,做批量返回修改的时候需要在批量操作中选择“需退回修改的单位/项目”选项,点击查询,系统会将所有符合返回修改的企业查询出来,页面会隐藏验收通过、验收不通过、取消验收按钮,并且在冻结旁边多出结果集全选的选项。

勾选结果集全选,点击返回修改按钮,系统弹出填写修改意见窗口,填写完修改意见点击确定,批量验收通过成功。

七、数据汇总

上级验收通过以后,用户可以按照上级统计机构最终确定的基础数据,在评估汇总中的数据汇总执行功能中执行数据汇总,或者在临时汇总中执行汇总,得到汇总数据,然后发布。

数据汇总执行:

【数据汇总执行】功能是对有汇总执行权限的汇总表进行汇总,汇总数据范围为采集直管单位范围,数据评估用。具体的功能包括如下几项:

① 根据当前用户的权限,查询出其有执行权限的汇总表;

② 设置汇总条件;

③ 执行用户选择要汇的汇总表;

④ 根据该汇总表的评估规则对汇总出的数据进行审核。

临时汇总:

临时汇总功能主要包括对企业上报数据进行原表样叠加汇总、选择部分指标汇总、跨表间指标汇总、按已选分组进行汇总、自定义分组汇总、按不同统计级别汇总;可以在选好主宾的基础上灵活的自定义汇总条件。

第三节　地市级统计机构用户操作说明

通过企业一套表数据采集处理软件平台和联网直报系统,地市级统计机构所能处理的业务操作包括:辖区内企业的联网直报用户及权限管理、本级必要的制度定制、直管企业和县级统计机构上报数据的审核验收、辖区内直管企业和县级统计机构联网直报进度监管、数据上报省级统计机构、本级的数据处理等。

一、直报用户及权限管理

地市级统计机构用户对辖区内直管企业的联网直报用户进行密码重置的操作，从采集管理功能中的单位账户管理功能进入重置密码即可。

二、制度定制和报表分配

系统支持该功能，目前尚未对省级以下开放。

三、数据审核验收

地市级统计机构用户在采集直管中的采集业务处理和采集监管中的监管业务处理功能中选择相应的报表进入，查询出管辖范围内的企业，进入企业报表查看数据。

点击【公有】按钮，对企业进行批量公有审核。

若数据不符合要求，在直管或监管的业务处理中选批量返回修改，然后选中企业执行返回修改操作（如是直管企业，在直管业务处理中做返回修改即可）。

本级直管的企业，在采集业务处理功能中操作即可；审核验收下级报送的企业数据，在监管业务处理中操作。

也可通过“统计业务处理（新）”的模块进行相关业务处理。

查询返回修改的企业数据分为两种：

①返回修改再上报

在“统计业务处理（新）”主页面业务状态选择 返回修改再上报 选项，点击 查询 按钮，系统会将所有返回修改再上报的企业数据显示在企业列表中，点击单位名称链接进入到报表详细信息页面。

此页面左侧是报表信息，可以对该企业数据进行审核、验收通过、验收不通过、返回修改、导出、查看历史数据等操作。

页面右侧是提示信息，在此页面可以查询的审核信息、数据流转过程、修改记录、标记信息、更多信息。

点击数据流转过程页签，系统显示出该企业有所有级别统计机构用户所做出的验收操作。

点击修改记录页签，可以查看该企业修改数据的详细信息。

点击标记信息页签，可以查看该企业被统计机构所打的所有标记，并且可以对标记进行修改、取消、新增等操作。

点击更多信息页签，可以显示企业数据状态、审核结果、直管机构等详细信息。

②返回修改未上报

在"统计业务处理(新)"主页面业务状态选择 返回修改未上报 选项,点击 查询 按钮,系统会将所有返回修改未上报的企业数据显示在企业列表中。

四、进度监测和报表催报

地市级统计机构用户可在采集进度查看和采集进度查看(分地区)两个功能中对辖区内的企业报表报送情况进行进度监测。

【采集进度查看】功能提供用户查看某一报表在某一报告期的业务处理过程中的采集业务处理情况统计结果。采集业务处理情况包括:报送情况(直管企业中已提交/未提交报表的企业个数)、审核情况(直管企业中的已提交企业中,审核已通过/审核未通过的企业个数)、验收情况(直管企业中的已提交企业中,验收通过/验收不通过/未验收的企业个数)的业务情况统计(个数统计和名单查询)。

对于没有上报的企业,可以在辅助功能中的单位账号查询功能中查询出企业的联系方式然后进行催报。

五、数据验收提交

若数据符合要求,在直管或监管的业务处理中对其验收通过(如是直管企业,在直管业务处理中做验收通过即可),也可通过"统计业务处理(新)"的模块进行验收。

验收通过:

在统计业务处理(新)中,在选择列中选择需要进行验收的企业,可以选择几条数据,也可以本页全选,选择完毕之后点击 验收通过 ,系统弹出填写验收意见窗口。如果所选择的企业有不符合验收条件的,系统会给出提示。

批量验收通过:做批量验收的时候需要在批量操作中选择"可批量验收通过"选项,点击查询,系统会将所有符合验收通过的企业查询出来。页面会隐藏验收不通过、取消验收、返回修改按钮,并且冻结旁边多出结果集全选的选项。

勾选结果集全选,点击 验收通过 按钮,系统弹出填写验收意见窗口,填写完验收意见点击确定,批量验收通过成功。

验收不通过:

统计业务处理(新)中,在选择列中选择需要进行验收不通过的企业,可以选择几条数据,也可以本页全选,选择完毕之后点击 验收不通过 ,系统弹出填写验收意见窗口。如果所选择的企业有不符合验收条件的,系统会给出提示。

批量验收不通过,做批量验收不通过的时候需要在批量操作中选择"可批量验收不通过"选项,点击查询,系统会将所有符合验收不通过的企业查询出来。页面会隐藏验收通过、取消验收、返回修改按钮,并且冻结旁边多出结果集全选的选项。

勾选结果集全选,点击 验收不通过 按钮,系统弹出填写验收意见窗口,填写完验收意见点击确定，批量验收不通过成功。

取消验收：

统计业务处理（新）中，在选择列中选择需要进行取消验收企业，可以选择几条数据，也可以本页全选，选择完毕之后点击取消验收，系统弹出填写验收意见窗口，如果所选择的企业有不符合验收条件的系统会给出提示。

批量取消验收，做批量取消验收的时候需要在批量操作中选择“可批量取消验收”选项，点击查询，系统会将所有符合取消验收的企业查询出来，页面会隐藏验收通过、验收不通过、返回修改按钮，并且在冻结旁边多出结果集全选的选项。

勾选结果集全选，点击取消验收按钮，系统弹出填写验收意见窗口，填写完验收意见点击确定，批量取消验收成功。

六、返回企业查询修改

若数据不符合要求，在直管或监管的业务处理中选批量返回修改然后选中企业执行返回修改操作（如是直管企业，在直管业务处理中做返回修改即可），也可通过“统计业务处理（新）”的模块进行返回修改的操作。

在“统计业务处理（新）”中，在选择列中选择需要进行返回修改的企业，可以选择几条数据，也可以本页全选，选择完毕之后点击返回修改，（注：执行返回修改操作时，会将各级验收状态清空。）系统弹出填写验收意见窗口，国家级做返回修改的时候需要设置企业返回修改再上报的截止时间，非国家级无此选项；如果所选择的企业有不符合返回修改条件的系统会给出提示。

批量返回修改，做批量返回修改的时候需要在批量操作中选择“需退回修改的单位/项目”选项，点击查询，系统会将所有符合返回修改的企业查询出来，页面会隐藏验收通过、验收不通过、取消验收按钮，并且在冻结旁边多出结果集全选的选项。

勾选结果集全选，点击返回修改按钮，系统弹出填写修改意见窗口，填写完修改意见点击确定，批量验收通过成功。

七、数据汇总

上级验收通过以后，用户可以按照上级统计机构最终确定的基础数据，在评估汇总中的数据汇总执行功能中执行数据汇总，或者在临时汇总中执行汇总，得到汇总数据，然后发布。

数据汇总执行：

【数据汇总执行】功能是对有汇总执行权限的汇总表进行汇总，汇总数据范围为采集直管单位范围。具体的功能包括如下几项：

① 根据当前用户的权限，查询出其有执行权限的汇总表；

② 设置汇总条件；

③ 执行用户选择的要汇的汇总表；

④ 根据该汇总表的评估规则对汇总出的数据进行审核。

临时汇总：

临时汇总功能主要包括对企业上报数据进行原表样叠加汇总、选择部分指标汇总、跨表间指标汇总、按已选分组进行汇总、自定义分组汇总、按不同统计级别汇总；可以在选好主宾的基础上灵活的自定义汇总条件。

第四节　省级统计机构用户操作说明

通过企业一套表数据采集处理软件平台和联网直报系统，省级统计机构所能处理的业务操作包括：辖区内企业的联网直报用户及权限管理、本级必要的制度定制、直管企业和地市级统计机构上报数据的审核验收、辖区内直管企业和地市级统计机构联网直报进度监管、数据上报国家统计局、省级数据处理等。

一、制度定制

主要是针对企业一套表范围内的制度再设计内容，具体流程如下：

① 在规划设计里的指标、目录功能中，新增指标或者目录，或者在国家正式目录的基础上新增目录项，作为报表再设计以及省级新增采集表的前期准备。

② 在规划设计里的报表功能中，新增省级采集表或者对国家下发的正式采集表进行再设计，并将再设计后的报表设为在用。

目录“再设计”是为了满足下级统计机构的一些特定的统计调查的需要，以国家统计局制订发布的目录为基础，在满足国家统计局调查制度要求的前提下对目录中目录项内容所作的相关补充。在进行“再设计”目录时，目录数据管理规范依然遵从国家统计局的对应的元数据管理规范。再设计功能只能增加新目录项或删除新增的目录项，增加的新目录项可以被当前机构及其下属机构看到，上级机构无法看到下级单位新增的目录项。

报表“再设计”是为了满足下级统计机构的一些特定的统计调查的需要，以国家统计局制订发布的报表为基础，在满足国家统计局调查制度要求的前提下对报表内容所作的相关补充。在进行“再设计”报表时，报表数据管理规范依然遵从国家统计局的对应的元数据管理规范。再设计的报表保存后，当前机构及其下属机构仅能看到再设计后的报表，原表样不会显示在报表列表中。

二、任务部署

省级的部署任务工作主要如下：

① 将国家下发的任务通过任务管理中的任务分配功能下发到本级部门和下级统计机构，并通知下级各管理员继续下发任务。

② 在权限分配的设置业务管理员功能中创建本级采集、评估工作组并设置相应的报表归属和工作组人员，并通知下属各级系统管理员创建并分配各自的权限。

③ 在设置调查单位功能中导入业务中所需要的非国家要求的企业，并在采集管理中的单位账户管理中为企业创建账号。

④ 在采集管理的设置管理时间功能中，对国家制定的填报时间根据省级具体业务要求进行调整（除填报截止时间、补报截止时间、国家验收开始时间、查看截止时间外）。

⑤ 在采集管理的设置填报单位功能中，对国家制定的企业填报范围进行扩大调查范围的操作（注意不能移除国家制定的填报范围，只能追加）。

任务分配：

【任务分配】是系统提供给各级别机构业务管理员使用的一个功能节点。业务管理员对本机构可参与的任务，以及任务许可操作的下一级统计机构，进行任务分配。设立本功能的目的是为满足业务管理员对任务管理权限的再分配。

设置调查单位：

【设置调查单位】定义当前任务中包含的调查单位的范围，即设置参与本任务调查的基层单位范围。本功能实现调查单位的导入、导出、移除和代码名称的修改，并可以批量分配统计级别、管理级别和汇总级别。

① 设置当前任务下调查单位的属性信息，以及对结果记录的操作。包括调查单位属性信息的导入、导出和移除；维护调查单位属性信息、设置调查单位的统计级别、管理级别和汇总级别等。

② 只有应用本功能“绑定到当前任务中”的调查单位，才能被添加到当前任务的报表填报范围中。

③ 调查单位的属性信息有：单位代码、单位名称、行业代码、统计级别、管理级别、汇总级别、导入机构（系统自动维护并以只读方式显示）、状态（临时、正常）和保密单位。其中，汇总级别用于表示该调查单位的报表数据在终评环节后可以被哪些统计机构进行汇总（编码规则同统计级别，见下述）。需要说明的是，联系人、固定电话、移动电话、电子邮件等企业用户属性信息在企业用户信息表中，由企业用户负责维护，不提供统计机构的维护功能。

④ 调查单位属性信息是系统表保存的数据，其中有与业务报表相同的属性（如：

行业代码、联系人、移动电话、电子邮件等），二者没有关联。即：用户修改业务报表的这些属性数据，不会影响系统表的这些属性数据；反之亦然。但是，单位代码、单位名称的修改不同，见功能说明⑤的描述。

⑤ 系统提供对系统表的调查单位属性信息的维护功能，以导入文本格式文件进行批量增加或修改。但是，单位代码和单位名称的修改不允许批量操作，只能选择其中一个进行修改。修改的同时，系统会遍历当前任务的全部系统表和报表数据一并修改，以便在操作使用上能一致、可靠，否则可能产生系统使用上的错误。注意事项：允许不同任务中同一单位的单位代码和单位名称不同，但调查单位的登录用户名为最近修改后的单位代码。

⑥ 系统提供批量删除调查单位功能，用户只可以删除本级机构添加的临时状态的调查单位。

⑦ 统计级别、管理级别编码规则：000000000000（国家级），XX0000000000（省级），XXXX00000000（市级），XXXXXX000000（区级），XXXXXXXXX000（街乡级），XXXXXXXXXXXX（村级），共12位不定长。

⑧ 汇总级别编码规则同上，共12位不定长，000000000000（国家级），XX0000000000（省级），XXXX00000000（市级），XXXXXX000000（区级），XXXXXXXXX000（街乡级），XXXXXXXXXXXX（村级）。

设置调查单位管理级别：

【设置单位管理级别】提供设置本任务中的调查单位的统计级别、管理级别和汇总级别的功能。

① 系统以操作简便的方式实现调查单位统计级别和汇总级别的设置和修改，其操作结果通过“设置调查单位”功能的导入修改也可以实现。

② 级别的定义规则与“设置调查单位”功能中的规则相同。

③ 统计级别用于定义划分直管和监管。用户可以为本级与下级查看和设置当前任务下调查单位的统计级别，将全部状态为“未设”的调查单位设置统计级别为直管或下级直管（本级监管）。

④ 管理级别用于定义划分直管和监管（和统计级别的直管和监管相似）。

⑤ 汇总级别用于定义该调查单位的报表数据在终评环节后可以被哪些统计机构进行汇总。用户可以查看当前任务下的本级与上级机构管理单位的汇总级别，并可设置当前任务下的本级与下一级直管单位的汇总级别。

三、直报用户及权限管理

省级统计机构用户对辖区内直管企业的联网直报用户可以对企业进行密码重置的操作，从采集管理功能中的单位账户管理功能进入重置密码即可。

四、数据审核验收

省级统计机构用户在采集直管中的采集业务处理和采集监管中的监管业务处理功能中选择相应的报表进入，查询出管辖范围内的企业，进入企业报表查看数据。

点击【公有】按钮，对企业进行批量公有审核。

若数据不符合要求，在直管或监管的业务处理中选批量返回修改，然后选中企业执行返回修改操作（如是直管企业，在直管业务处理中做返回修改即可）。

本级直管的企业，在采集业务处理功能中操作即可；审核验收下级报送的企业数据，在监管业务处理中操作。

也可通过“统计业务处理（新）”的功能进行业务处理，返回修改可加标记。

查询返回修改的企业数据分为两种：

①返回修改再上报

在“统计业务处理（新）”主页面业务状态选择 返回修改再上报 选项，点击 查询 按钮，系统会将所有返回修改再上报的企业数据显示在企业列表中，点击单位名称链接进入到报表详细信息页面。

此页面左侧是报表信息，可以对该企业数据进行审核、验收通过、验收不通过、返回修改、导出、查看历史数据等操作。

页面右侧是提示信息，在此页面可以查询的审核信息、数据流转过程、修改记录、标记信息、更多信息。

点击数据流转过程页签，系统显示出该企业有所有级别统计机构用户所做出的验收操作。

点击修改记录页签，可以查看该企业修改数据的详细信息。

点击标记信息页签，可以查看该企业被统计机构所打的所有标记，并且可以对标记进行修改、取消、新增等操作。

点击更多信息页签，可以显示企业数据状态、审核结果、直管机构等详细信息。

②返回修改未上报

在“统计业务处理（新）”主页面业务状态选择 返回修改未上报 选项，点击 查询 按钮，系统会将所有返回修改未上报的企业数据显示在企业列表中。

五、进度监测和报表催报

省级统计机构用户可在采集进度查看和采集进度查看（分地区）两个功能中对辖区内的企业报表报送情况进行进度监测。

【采集进度查看】功能提供用户查看某一报表在某一报告期的业务处理过程中的采集业务处理情况统计结果。采集业务处理情况包括：报送情况（直管企业中已提交/

未提交报表的企业个数)、审核情况(直管企业中的已提交企业中,审核已通过/审核未通过的企业个数)、验收情况(直管企业中的已提交企业中,验收通过/验收不通过/未验收的企业个数)的业务情况统计(个数统计和名单查询)。

对于没有上报的企业,可以在辅助功能中的单位账号查询功能中查询出企业的联系方式然后进行催报。

六、数据验收提交

若数据符合要求,在直管或监管的业务处理中对其验收通过(如是直管企业,在直管业务处理中做验收通过即可),也可通过"统计业务处理(新)"的模块进行验收。

验收通过:

在统计业务处理(新)中,在选择列中选择需要进行验收的企业,可以选择几条数据,也可以本页全选,选择完毕之后点击[验收通过],系统弹出填写验收意见窗口。如果所选择的企业有不符合验收条件的,系统会给出提示。

批量验收通过:做批量验收的时候需要在批量操作中选择"可批量验收通过"选项,点击查询,系统会将所有符合验收通过的企业查询出来,页面会隐藏验收不通过、取消验收、返回修改按钮,并且在冻结旁边多出结果集全选的选项。

勾选结果集全选,点击[验收通过]按钮,系统弹出填写验收意见窗口,填写完验收意见点击确定,批量验收通过成功。

验收不通过:

统计业务处理(新)中,在选择列中选择需要进行验收不通过的企业,可以选择几条数据,也可以本页全选,选择完毕之后点击[验收不通过],系统弹出填写验收意见窗口。如果所选择的企业有不符合验收条件的,系统会给出提示。

批量验收不通过,做批量验收不通过的时候需要在批量操作中选择"可批量验收不通过"选项,点击查询,系统会将所有符合验收不通过的企业查询出来,页面会隐藏验收通过、取消验收、返回修改按钮,并且在冻结旁边多出结果集全选的选项。

勾选结果集全选,点击[验收不通过]按钮,系统弹出填写验收意见窗口,填写完验收意见点击确定,批量验收不通过成功。

取消验收:

统计业务处理(新)中,在选择列中选择需要进行取消验收企业,可以选择几条数据,也可以本页全选,选择完毕之后点击[取消验收],系统弹出填写验收意见窗口。如果所选择的企业有不符合验收条件的,系统会给出提示。

批量取消验收,做批量取消验收的时候需要在批量操作中选择"可批量取消验收"选项,点击查询,系统会将所有符合取消验收的企业查询出来,页面会隐藏验收通过、验收不通过、返回修改按钮,并且在冻结旁边多出结果集全选的选项。

勾选结果集全选，点击取消验收按钮，系统弹出填写验收意见窗口，填写完验收意见点击确定，批量取消验收成功。

七、返回企业查询修改

若数据不符合要求，在直管或监管的业务处理中选批量返回修改然后选中企业执行返回修改操作（如是直管企业，在直管业务处理中做返回修改即可），也可通过“统计业务处理（新）”的模块进行返回修改。

在“统计业务处理（新）”中，在选择列中选择需要进行返回修改的企业，可以选择几条数据，也可以本页全选。选择完毕之后点击返回修改，（注：执行返回修改操作时，会将各级验收状态清空。）系统弹出填写验收意见窗口，国家级做返回修改的时候需要设置企业返回修改再上报的截止时间，非国家级无此选项。如果所选择的企业有不符合返回修改条件的系统会给出提示。

批量返回修改，做批量返回修改的时候需要在批量操作中选择“需退回修改的单位/项目”选项，点击查询，系统会将所有符合返回修改的企业查询出来，页面会隐藏验收通过、验收不通过、取消验收按钮，并且在冻结旁边多出结果集全选的选项。

勾选结果集全选，点击返回修改按钮，系统弹出填写修改意见窗口，填写完修改意见点击确定，批量验收通过成功。

八、数据汇总

国家验收通过以后，用户可以按照国家统计局最终确定的基础数据，在评估汇总中的数据汇总执行功能中执行数据汇总，或者在临时汇总中执行汇总，得到汇总数据，然后发布。

数据汇总执行：

【数据汇总执行】功能是对有汇总执行权限的汇总表进行汇总，汇总数据范围为采集直管单位范围。具体的功能包括如下几项：

① 根据当前用户的权限，查询出其有执行权限的汇总表；

② 设置汇总条件；

③ 执行用户选择的要汇的汇总表；

④ 根据该汇总表的评估规则对汇总出的数据进行审核。

临时汇总：

临时汇总功能主要包括对企业上报数据进行原表样叠加汇总、选择部分指标汇总、跨表间指标汇总、按已选分组进行汇总、自定义分组汇总、按不同统计级别汇总；可以在选好主宾的基础上灵活的自定义汇总条件。

第五节　国家统计局用户操作说明

国家统计局内部用户按其所从事的统计设计管理、基本单位名录库管理、数据管理与技术支持、专业数据处理等业务分工，分别简述软件操作说明。

一、统计设计管理司

（一）根据年定报制度修订内容创建更新元数据（库）

根据年定报制度，在规划设计的元数据设计功能模块中进行指标、目录、报表的创建，提交审批操作。

统计指标：

【指标维护】功能提供用户新增指标、修改指标属性、查询指标和删除指标等功能。

新增指标：提供用户在系统中创建一个新指标的功能。用户在新增指标时，添加的指标由系统按数字递增顺序自动生成临时指标代码，指标到“批准”环节后，系统生成正式指标代码。对于删除的指标，指标代码被新指标使用；添加的指标中文全称和指标英文全称不允许与当前正式（启用、批准、停用）及非正式（准备中、未批准，提交中）指标重名；不提供参照其它指标属性的方式进行新增，即打开已有指标属性进行另存。

维护指标：提供对“启用”指标修改，“准备中”指标删除的操作。用户在修改指标时，不能修改“停用”和“批准”的指标；不能修改指标代码；名称不能与目前“启用”的指标名称重复；指标在维护界面不提供“另存为”功能；不提供批量删除“准备中”指标的操作；“启用”的指标被一个部门修改后，其他部门不得对这个指标进行的修改操作；新增或修改的指标，到“批准”阶段指标才能生效。

填报目录：

【目录维护】功能节点中，系统提供用户新增目录功能、维护目录功能、再设计目录项功能，以及在系统中修改已有目录属性和删除目录的功能。

在新增操作中，添加的目录代码由系统按数字递增的顺序自动生成；添加的目录名称不允许与当前正式（“启用”、“批准”和“停用”）及非正式（“准备中”、“未批准”和“提交中”）目录重名；用户可通过打开已有目录，进行“增加派生目录”操作；目录属性中计量单位和自定义字段可根据需要调整数量。

在进行目录维护时，用户不能修改“停用”和“批准”的目录；不能修改目录代码；不能修改“启用”目录和“准备中”与“启用”目录重名目录的目录名称；目录在维护界面提供“增加派生目录”功能；不提供批量删除目录的操作；“启用”的目录被一个部门修改后，其他部门不得对这个目录进行修改操作。

统计报表：

【报表维护】功能是系统提供用户新增报表和维护报表、删除报表的功能节点。用户在“报表维护”界面中，可以选择“非正式报表”或“正式报表”的页签，对报表进行查询、新增、维护的操作。

（二）审核各专业（行业）报表制度定制情况

在规划设计的元数据维护审批的功能中对提交审批的指标、目录、报表进行审批操作。

审批结果查看：

【审批结果查看】是业务人员查看本部门提交审批的元数据的审批情况的功能节点。

用户点击系统功能菜单上的“规划设计→元数据维护→审批结果查看”，系统显示当前系统中所有需要审批的元数据（指标、目录、报表、制度、标识），查询出的元数据的状态包括：提交中、批准、未批准。然后，用户通过切换元数据的名称，查看元数据的信息如下：

“指标”元数据页签：指标所有的属性信息。

“目录”元数据页签：目录所有的属性信息，目录结果和目录项信息。

“规则”元数据页签：规则的所有属性。

“报表”元数据页签：报表属性，报表所包含的指标、目录、表样和表间关系。

“制度”元数据页签：制度属性和制度所包含的报表信息。

“标识”元数据页签：标识的所有属性信息和目录项的信息。

元数据审批：

【审批】功能主要针对元数据进行审批，包括【指标】、【目录】、【报表】、【制度】、【标识】这几类元数据的审批操作。可对元数据进行“撤消提交”、“审批通过”、“审批不通过”等操作。审批过程中可修改目录部分属性。不提供批量审批的功能。操作人员为同级机构中的设计管理人员。制度审批时，连同制度内的报表、指标、目录一并进行审批。

审批指标：提供对“提交”的指标进行审批操作的功能。

审批目录：提供对“提交”的目录进行审批操作的功能。

审批报表：提供对“提交”的报表进行审批操作的功能。

审批标识：提供对“提交”的标识进行审批操作的功能。

审批制度：提供对“提交”的制度进行审批操作的功能。

二、普查中心

（一）提供和加载调查单位库（含专业标识）

在调查单位管理的设置调查单位功能中导入企业基本信息，导入文件中包含企业的组织机构代码、单位详细名称、统计机构代码、统计机构代码级别、所属专业、行业代码、直管机构等信息。

【设置调查单位】定义当前任务中包含的调查单位的范围，即设置参与本任务调查的基层单位范围。本功能实现调查单位的导入、导出、移除和代码名称的修改，并可以批量分配统计级别、管理级别和汇总级别。

① 设置当前任务下调查单位的属性信息，以及对结果记录的操作。包括调查单位属性信息的导入、导出和移除；维护调查单位属性信息、设置调查单位的统计级别、管理级别和汇总级别等。

② 只有应用本功能“绑定到当前任务中”的调查单位，才能被添加到当前任务的报表填报范围中。

③ 调查单位的属性信息有：单位代码、单位名称、行业代码、统计级别、管理级别、汇总级别、导入机构（系统自动维护并以只读方式显示）、状态（临时、正常）和保密单位。其中，汇总级别用于表示该调查单位的报表数据在终评环节后可以被哪些统计机构进行汇总（编码规则同统计级别，见下述）。需要说明的是，联系人、固定电话、移动电话、电子邮件等企业用户属性信息在企业用户信息表中，由企业用户负责维护，不提供统计机构的维护功能。

④ 调查单位属性信息是系统表保存的数据，其中有与业务报表相同的属性（如：行业代码、联系人、移动电话、电子邮件等），二者没有关联。即：用户修改业务报表的这些属性数据，不会影响系统表的这些属性数据；反之亦然。但是，单位代码、单位名称的修改不同，见功能说明⑤的描述。

⑤ 系统提供对系统表的调查单位属性信息的维护功能，以导入文本格式文件进行批量增加或修改。但是，单位代码和单位名称的修改不允许批量操作，只能选择其中一个进行修改。修改的同时，系统会遍历当前任务的全部系统表和报表数据一并修改，以便在操作使用上能一致、可靠，否则可能产生系统使用上的错误。注意事项：允许不同任务中同一单位的单位代码和单位名称不同，但调查单位的登录用户名为最近修改后的单位代码。

⑥ 系统提供批量删除调查单位功能，用户只可以删除本级机构添加的临时状态的调查单位。

⑦ 统计级别、管理级别编码规则：000000000000（国家级），XX0000000000（省级），XXXX00000000（市级），XXXXXX000000（区级），XXXXXXXXX000（街乡级），XXXXXXXXXXXX（村级），共12位不定长。

⑧ 汇总级别编码规则同上，共12位不定长，000000000000（国家级），XX0000000000（省级），XXXX00000000（市级），XXXXXX000000（区级），XXXXXXXXX000（街乡级），XXXXXXXXXXXX（村级）。

(二)组织基本单位情况表的审核验收和返回企业修改

在监管业务处理中针对 101－1 和 201－1 等表,通过批量公审对企业的数据进行审核,数据符合要求的进行验收通过操作,数据不符合要求的进行返回修改操作。也可在“统计业务处理(新)”的功能中完成相关验收操作。

【监管业务处理】功能是完成国家局监管、省级、市级评估企业报表,包括未录入报表的数据代录,暂存报表的代提交,已提交报表的验收,已提交报表的数据修改,已提交报表的公审、私审。

用户进入本功能,系统会依据用户的权限,显示该用户所管理的报表列表。

用户在列表中点击报表,则显示用户可管理的单位(或项目)列表,针对不同企业所提交报表不同情况,可对报表进行的操作不同。如对已提交的并且已经直验通过的企业报表,可进行修改报表数据和监管验收通过或不通过操作;对于已提交的但是直验没有验收或是验收未通过,在此处只能查看该企业的报表;对于未提交的企业,只能查看该企业的报表;对于未录入的企业,只能查看该企业的报表。具体操作如下:

①对于已提交的报表,并且直验已通过验收。

此时可点击单位名称超链接,打开报表页面,在此页面中可进行“修改数据”和“发送修改通知”操作,修改数据完成后,点击【发送修改通知】按钮,可向该企业发送该报表的修改通知。

除了修改报表数据外,也可对该企业报表进行监管验收操作,由于该表为国家局所管理填报,所以此时的监管验收则为国验,点击国验下的“－”,可打开设置验收状态对话框,在此处输入验收意见后(也可不输入),然后进行【验收通过】或【验收不通过】操作。

如果该表是已提交状态,但是本级没有验收权限时,此时只能对该企业的报表进行查看操作，点击单位名称超链接打开报表信息页面进行查看。

②对于未提交的报表。

由于该报表没有提交,是暂存的状态,此时只能查看报表,不能进行任何修改。对于未录入的报表,可查询出未录入的企业。

(三)数据加工汇总

用户可以在评估汇总中的数据汇总执行功能中执行数据汇总,或者在临时汇总中执行汇总,得到汇总数据。

数据汇总执行:

【数据汇总执行】功能是对有汇总执行权限的汇总表进行汇总,汇总数据范围为采集直管单位范围。具体的功能包括如下几项:

① 根据当前用户的权限,查询出其有执行权限的汇总表;

② 设置汇总条件;

③ 执行用户选择汇总表；

④ 根据该汇总表的评估规则对汇总出的数据进行审核。

临时汇总：

临时汇总功能主要包括对企业上报数据进行原表样叠加汇总、选择部分指标汇总、跨表间指标汇总、按已选分组进行汇总、自定义分组汇总、按不同统计级别汇总；可以在选好主宾的基础上灵活的自定义汇总条件。

三、数据管理中心

（一）制度定制（技术支持）

在规划设计模块进行报表及报表相关的指标、目录等元数据的定制，并在采集管理的设置管理时间功能中设置相关的各项时间。

采集表设计：

【采集表设计】主要使用采集表设计器为调查任务设计配套的表样及加载相应的审核规则。报表设计器属于系统的核心功能之一，因此其使用权限范围必须受到严格限制，只有在统计机关内负责规划设计的部门中具体负责表样设计的人员，方能拥有此权限。

在开始设计表样之前，首先应确定表样的所属调查任务、报告期、所包含的指标、目录、时点、计量单位等要素，并在元数据表中已正确建立相关元数据。同时，表样的确切结构应以纸质的正规报表制度或电子表格形式事先加以确定。

设计一个采集表，一般需要经过以下几个主要步骤：拖拽指标、目录，设计表样，创建物理表，管理审核规则。

① 设计表样主要包括：设置报表属性、设计报表树、调整表样、绘制表头表尾。

② 当表样设计完成后，还需要建立与表样对应的物理存储表，为指标项绑定物理表名和字段名。按照规划设计业务流程，设计完成的表样需要首先提交审批，才能进行下一步的创建物理表。

③ 根据具体统计业务的要求，采集表中的各个指标会存在一些固有的逻辑关系，称为“规则”。系统通过将规则加载到规则引擎中进行运算，实现对指标数据的合规审核。

汇总表设计：

【汇总表设计】功能中主要使用汇总表设计器来绘制汇总表，并通过 SQL 脚本实现自动汇总功能，可根据采集表、指标、目录、分类标识设计汇总表表式，设置汇总条件及定义汇总表审核关系。主要功能包括：

① 汇总表设计区展示及表样编辑功能。

② 简单叠加汇总表的汇总条件设置功能。

③ 简单叠加汇总表的汇总 SQL 自动生成功能。

④ 复杂汇总表汇总 SQL 编辑器。

⑤ 复杂汇总 SQL 与汇总表的表样绑定功能。

⑥ 汇总结果预览功能。

(二)导入调查单位库和必要的历史数据

将名录库管理部门提供的调查单位详细信息和专业(行业)统计部门提供的历史数据导入数据库。

点击历史数据导入功能节点,进入功能主界面,点击页面【浏览】按钮,将需要导入的数据文件导入到系统中,系统读取文件首行,首行为字段名列。系统将首行按顺序显示在【导入文件字段】列中,点击选择报表,弹出报表列表选择页面,显示用户此任务下所有报表,在页面内选择报表的物理表。选择完成后点击确认按钮,所选物理表所有字段在物理表原始字段中按照顺序依次显示。

用户可根据字段之间的关系,用鼠标拖动【物理表原始字段】列表的字段到【物理表已对照字段】列表中与【导入文件的字段】做配对。点击数据导入会弹出数据导入信息的选择层,选择导入方式、报告期和数据状态。对于基础表的物理表会多一个【直管统计机构级别】的选项(业务需要)。点击确定后程序会自动校验当前选择的报告期是否在数据库中已存在,并给出提示,对于导入是否成功的信息会通过异步方式导出到我的作业【外部格式】中。

(三)制度定制和软件功能带数据测试

在测试环境定制统计报表制度并设置企业填报所需的各项事宜(企业填报范围、填报时间等),用测试企业模拟报送,校验报表表样定制、物理存储、审核规则的准确性。

(四)调查任务部署和制度发布

检查国家环境和各省级节点环境的任务部署情况和制度发布情况。

【任务分配】是系统提供给各级别机构业务管理员使用的一个功能节点。业务管理员对本机构可参与的任务,以及任务许可操作的下一级统计机构,进行任务分配。设立本功能的目的是为满足业务管理员对任务管理权限的再分配。

制度发布主要作用于在国家环境设计好的完整制度下发到各省分节点平台中,各省再对制度进行再设计等相关操作。

(五)数据采集处理阶段的技术支持

包括系统维护、数据实时同步和融合、网报数据导出至汇总环境等。

本阶段的技术支持工作大致如下:

① 进行系统运行监测,包括国家环境和各省级节点环境的 F5、Web 服务器、应用服务器、数据库服务器的运行情况监控以及应急处理。

② 进行各省级节点和国家节点的MQ同步传输情况监控以及应急处理。

③ 在上报期结束，确定数据验收完毕以后，将清华同方与京云万峰的采集数据合库，导入至单机版汇总设备进行数据汇总。

(六)用户权限维护等系统管理

根据国家及各省的需要(原有功能的业务调整以及新增业务功能的权限要求)，创建和业务相关的用户，并赋予相应的系统权限和业务权限。

【用户管理】功能提供对用户的查询、用户已分配角色的查看以及增加和删除等操作。系统根据登录用户的不同，对操作条件和操作结果都有相应的限制。用户有不同的角色，而每个角色权限功能的维护也是不一样的，所以【用户管理】功能中，某些用户可以对用户角色执行增加和删除操作；有的用户能对角色执行查看功能。对于角色功能的维护需要在【角色管理】中完成。

① 查询用户：系统根据用户权限的不同，所查询出的范围是不一样的。用户管理的查询可以实现以下四大类的查询：查看用户管理的信息、查看用户详细信息、查看用户角色信息、查看角色权限信息。

② 增加用户角色：用户通过【用户管理】可以给用户分配增加新角色。其中，不同的用户具有不同的权限范围，所以，用户管理中显示的新增角色的列表，会根据用户权限的不同显示的列表信息也不同。

③ 删除用户角色：用户通过【用户管理】可以删除已分配给用户的角色。其中，用户仅可以对用户权限级别内查询到的用户角色进行删除操作。

(七)数据存储、管理和系统备份等

进行日常的数据库维护、备份等工作。

同方数据库备份机制是每天晚上9点，整库的逻辑备份、物理备份是富通公司来做。

四、各专业司

(一)分行业报表制度定制和测试

参与各自专业相关采集、汇总表的定制，提供制度定制意见和相关修改建议，并在制度定制完毕以后在测试环境参与带数据的测试工作。

报表维护：

【报表维护】是系统提供用户新增报表和维护报表功能。在进行报表的维护时，需要注意以下方面：

① 新增报表时，新创建的报表在一个任务里报表可以重名，同一级别用户创建的报表表号不能重复。

② 提供参照其他报表的创建报表方式。

③ 用户选定任务后才能创建报表。

④ 在 Web 界面只维护报表的属性；在报表设计器中，维护报表的表样。

⑤ 维护报表提供对报表属性修改和删除报表的功能。

⑥ 报表“再设计”是为了满足下级统计机构的一些特定的统计调查的需要，以国家统计局制订发布的报表为基础，在满足国家统计局调查制度要求的前提下对报表内容所作的相关补充。在进行“再设计”报表时，报表数据管理规范依然遵从国家统计局的对应的元数据管理规范。再设计的报表保存后，当前机构及其下属机构仅能看到再设计后的报表，原表样不会显示在报表列表中。

采集表设计：

【采集表设计】主要使用采集表设计器为调查任务设计配套的表样及加载相应的审核规则。报表设计器属于系统的核心功能之一，因此其使用权限范围必须受到严格限制，只有在统计机关内负责规划设计的部门中具体负责表样设计的人员，方能拥有此权限。

在开始设计表样之前，首先应确定表样的所属调查任务、报告期、所包含的指标、目录、时点、计量单位等要素，并在元数据表中已正确建立相关元数据。同时，表样的确切结构应以纸质的正规报表制度或电子表格形式事先加以确定。

设计一个采集表，一般需要经过以下几个主要步骤：拖拽指标、目录，设计表样，创建物理表，管理审核规则。

① 设计表样主要包括：设置报表属性、设计报表树、调整表样、绘制表头表尾。

② 当表样设计完成后，还需要建立与表样对应的物理存储表，为指标项绑定物理表名和字段名。按照规划设计业务流程，设计完成的表样需要首先提交审批，才能进行下一步的创建物理表。

③ 根据具体统计业务的要求，采集表中的各个指标会存在一些固有的逻辑关系，称为“规则”。系统通过将规则加载到规则引擎中进行运算，实现对指标数据的合规审核。

汇总表设计：

【汇总表设计】功能中主要使用汇总表设计器来绘制汇总表，并通过 SQL 脚本实现自动汇总功能，可根据采集表、指标、目录、分类标识设计汇总表表式，设置汇总条件及定义汇总表审核关系。主要功能包括：

① 汇总表设计区展示及表样编辑功能。

② 简单叠加汇总表的汇总条件设置功能。

③ 简单叠加汇总表的汇总 SQL 自动生成功能。

④ 复杂汇总表汇总 SQL 编辑器。

⑤ 复杂汇总 SQL 与汇总表的表样绑定功能。

⑥ 汇总结果预览功能。

(二)组织本专业(行业)的数据审核验收和返回企业修改

在监管业务处理中进行企业报表的审核验收、返回修改操作,也可通过"统计业务处理(新)"的模块进行相关的业务操作。

【监管业务处理】功能是完成国家局监管、省级、市级评估企业报表,包括未录入报表的数据代录,暂存报表的代提交,已提交报表的验收,已提交报表的数据修改,已提交报表的公审、私审。

用户进入本功能,系统会依据用户的权限,显示该用户所管理的报表列表。

用户在列表中点击报表,则显示用户可管理的单位(或项目)列表,针对不同企业所提交报表不同情况,可对报表进行的操作不同。如对已提交的并且已经直验通过的企业报表,可进行修改报表数据和监管验收通过或不通过操作;对于已提交的但是直验没有验收或是验收未通过,在此处只能查看该企业的报表;对于未提交的企业,只能查看该企业的报表;对于未录入的企业,只能查看该企业的报表。具体操作如下:

①对于已提交的报表,并且直验已通过验收。

此时可点击单位名称链接,打开报表页面,在此页面中可进行"修改数据"和"发送修改通知"操作,修改数据完成后,点击【发送修改通知】按钮,可向该企业发送该报表的修改通知。

除了修改报表数据外,也可对该企业报表进行监管验收操作,由于该表为国家局所管理填报,所以此时的监管验收则为国验,点击国验下的"一",可打开设置验收状态对话框,在此处输入验收意见后(也可不输入),然后进行【验收通过】或【验收不通过】操作。

如果该表是已提交状态,但是本级没有验收权限时,此时只能对该企业的报表进行查看操作,点击单位名称链接打开报表信息页面进行查看。

②对于未提交的报表。

由于该报表没有提交,是暂存的状态,此时只能查看报表,不能进行任何修改。对于未录入的报表,可查询出未录入的企业。

(三)数据加工汇总

国家验收通过以后,用户可以在评估汇总中的数据汇总执行功能中执行数据汇总,或者在临时汇总中执行汇总,得到汇总数据。

数据汇总执行:

【数据汇总执行】功能是对有汇总执行权限的汇总表进行汇总,汇总数据范围为采集直管单位范围。具体的功能包括如下几项:

① 根据当前用户的权限,查询出其有执行权限的汇总表;

② 设置汇总条件;

③ 执行用户选择的要汇的汇总表；

④ 根据该汇总表的评估规则对汇总出的数据进行审核。

临时汇总：

临时汇总功能主要包括对企业上报数据进行原表样叠加汇总、选择部分指标汇总、跨表间指标汇总、按已选分组进行汇总、自定义分组汇总、按不同统计级别汇总；可以在选好主宾的基础上灵活的自定义汇总条件。

第五章　京云万峰软件基本操作说明

第一节　企业用户操作说明

通过企业一套表数据采集处理软件平台和联网直报系统，企业统计人员可以进行直报用户个人信息维护，企业内部子账号管理，报表数据填报、审核、上报，差错数据修改等业务操作。

一、用户管理和权限分配

企业统计人员上报报表数据使用系统为统计数据联网报送平台，企业内部用户管理和权限分配主要包括该系统子用户创建功能。

子用户创建：

操作方法：登录统计数据联网报送平台，点击菜单条“子用户管理”，进入子用户管理页面。外网主用户可以进行新增、删除、修改子用户等操作。

点击“新增”按钮，弹出新增子用户页面，其中子用户名格式为主用户名＋“－”后缀名，只有后缀名是可以录入的，主用户名＋“－”是默认在子用户名中的，不能修改。

填入用户名、密码、密码确认后，点击“确定”，系统提示“添加子用户成功”，点击“关闭”后，“新增子用户页面”关闭。子用户管理页面，可以看到子用户列表，新增加的子用户显示在子用户列表中，此时可以对该用户进行修改、删除、分配报表等操作。其中“修改”只允许修改该子用户的密码。

点击“修改”，进入“修改子用户”页面。修改用户信息时用户名不能修改，只能修改密码；修改密码以后，点击确定，系统提示：修改子用户成功。

外网主用户可对每一子用户分配报表，报表范围限于主用户可填的报表（主用户免报的报表不可分配），点击“分配”按钮进入分配报表页面。报表列表在某制度下如有勾选，则是该子用户已经被分配的报表，可重新选择分配报表；选取部分表（或点击“全选”），再点击“确定”即可给该子用户分配好报表，系统提示“子用户关联报表设置成功”，点击“取消”则可以取消现有选择。

子用户登录系统后，和主用户具有相同的操作功能，但不具备子用户管理模块功能。子用户录入数据并上报后，该数据的报送者仍然是主用户，子用户的所有操作行为在内网管理上都视为主用户操作。

二、个人信息填写

统计数据联网报送平台企业统计人员个人信息填写主要包括密码重置功能。

密码重置：

操作方法：进入直报系统，点击“密码设置”弹出密码设置对话框，按照要求输入数据可以修改密码，点击“确定”会弹出对话框，点击“确定”关闭该对话框。

三、填报报表数据

统计数据联网报送平台企业统计人员填报报表数据主要包括报表录入功能。

报表录入：

操作方法：点击要报送报表的报送与验收状态，进入该表的录入界面，报表录入页面包括：导出、导入、暂存、审核、上报、帮助和关闭按钮。

注：在录入过程中，录入界面提供浮动窗口方式显示当前录入项的上期、去年同期数据。如果录入项是数值型，显示当前焦点所在录入项的上期、去年同期和环比（与上期比增长或减少百分数）、同比（与去年同期比增长或减少百分数）数据。

四、数据审核

统计数据联网报送平台企业统计人员数据审核主要包括报表审核功能。

报表审核：

操作步骤：点击待报送报表的报送与验收状态，进入该表的录入界面，用户录入完数据后，点击审核即可对录入数据进行审核。

审核错误信息有四种：

一种是提示性审核，不影响数据上报。

一种是需要填写错误说明的核实性审核，该类审核填写错误说明后，不影响数据上报。

一种是准强制性审核，它是针对部分企业可以将准强制性审核降为核实性审核公式。

一种是必须审核通过的强制性审核，该类审核必须审核通过，否则不能上报数据。

五、数据提交

统计数据联网报送平台企业统计人员数据提交主要包括报表上报功能。

报表上报：

操作方法：点击待报送报表的报送与验收状态，进入该表的录入界面，用户录完数据后，点击“上报”按钮，系统会自动进行审核。如果审核通过，或者不满足审核关系的全是提示性审核，系统将进行数据上报，上报成功后，页面变为数据查看页面，数据不能上报，用户可继续修改数据，直至数据满足必须满足的强制性审核为止才可上报，否则不允许上报。

如果有需要填写强制通过说明的核实性审核时，点击“错误说明”，可以填写该审核公式对应的详细说明，填写完毕后可以继续上报。

当数据上报成功以后，此时的报送与审核状态为已上报。

六、差错数据修改

企业上报报表数据成功后，统计机构人员即可在企业一套表系统中查看到该企业的报表数据。

统计机构对企业上报的报表进行过验收操作后，在企业报表报送页面上会显示出最高级别统计机构的验收结果，验收结果包括：验收通过、验收不通过。

验收不通过时，企业需要在规定时间内修改报表数据，重新上报。

第二节　县级及以下统计机构用户操作说明

通过企业一套表数据采集处理软件平台和联网直报系统，县级及以下统计机构所能处理的业务操作包括：辖区内企业的联网直报用户及权限管理、本级必要的制度定制、企业上报数据的审核验收、辖区内联网直报进度监管、数据上报上级统计机构、本级的数据处理等。

一、直报用户及权限管理

县级统计机构负责辖区内企业的联网直报用户停用启用用户功能、密码重置功能和联系方式更改功能。

停用启用用户：

操作步骤：【直报用户管理】—【用户维护】，如果用户状态为“停用”状态时，勾选要修改的用户然后点击 启用 按钮，系统给出提示。点击 确定 ，将用户状态更改为启用状态，启用直报用户成功后，系统给出成功的提示。

如果用户状态为“启用”状态时，点击 停用 按钮，系统给出提示。点击 确定 ，将用户状态更改为停用状态，停用直报用户成功后，系统给出成功的提示。操作与启用类似。停用用户不能在外网进行数据报送和消息发送，但可以进行数据查询。

密码重置：

操作步骤：【直报用户管理】—【用户维护】，点击密码重置，点击确定后，提示“重置直报用户密码成功！”，企业的密码则更改为企业的组织机构代码。

联系方式更改：

操作步骤：【直报用户管理】—【用户维护】，筛选出符合条件的企业，点击修改，会弹出相应页面，输入修改后的联系电话，点击保存，提示修改成功之后即可。

二、制度定制和报表分配

本级必要的调查制度定制包括元数据系统的制度再设计报表分配，对企业的报表分配包括该系统报表分配功能和填报范围设置功能。

元数据系统再设计：

操作步骤：登录元数据系统，【再设计】—【选择制度】，根据县级及以下统计机构统计用户的要求进行制度再设计。

报表分配：

操作步骤：【填报设置】—【维护直报用户关联的报表】，维护用户关联的报表通过两部分完成设置，第一步是选择用户，第二步是选择报表。选中一个用户，点击设置关联关系按钮，进入更改用户报表关联关系页面，设置完报表关联关系后，点击保存按钮，弹出保存成功提示。若是批量设置报表关联关系，设置完后点击“保存”，系统以任务方式提交。

三、数据审核验收

县级统计机构审核企业的填报数据，完成数据的验收工作，必要时返回企业修改。在企业一套表系统中由审核功能和验收功能来实现。

审核功能：

①审核执行

操作步骤：登录企业一套表系统，【数据审核】—【公式审核】。审核包括基层表审核、综合表审核和自定义汇总表审核，增量审核是对选中报表本期未审核和审核后又修改的数据进行审核，全部审核是对选中报表的所有本期数据进行审核。

②设置不审企业

操作步骤：【审核关系】—【查看】，进入报表的审核关系页面。

“设置不审企业”列显示该公式设置的不进行审核的企业数，(设置过的不审企业，在数据上报时或数据审核时，该审核公式对应的设置过的不审企业不做审核)对所有审核公式都有效，点击数字链接进入设置不审企业页面。

“设置说明企业”列只对B类审核公式(准强制性)有效，该列显示针对审核公式已经设置过的用户说明企业数。(设置说明企业，在数据上报时或数据审核时，对该B类审核公式可填写用户说明后上报数据，同C类审核公式)，点击数字链接进入设置说明企业页面。

③按地区统计

选中要查看审核信息的报表，点击【按地区统计】按钮，进入审核错误分地区详细统计信息页面。

④按错误统计

点击【按错误统计】按钮，进入审核错误详细统计信息页面。

验收功能：

验收结果包括验收通过和验收不通过。

操作步骤：登录企业一套表系统，【数据审核】—【数据验收】，选中目标企业，点击验收通过按钮，填写验收说明，点击确定即可。

选中目标企业，点击验收不通过按钮，会出现验收说明，也可对验收不通过的进行短信设置重报时间，短信内容可具体说明，点击数据审核——数据验收——点击所要验收的报表——选择企业——验收不通过，填写"验收说明"，选择"是否向下级统计部门发送消息"、"是否向直报用户返数"，设置重报开始时间和重报截止时间。

验收截止时间：

当前用户级别是县级及以下统计机构，只能看到本级验收截止时间。

查看企业修改痕迹：

在数据验收页面中，可以查看每张表的数据修改痕迹记录，包括与修改数据有关联的组织机构代码、单位详细名称、被修改指标、修改前后值、修改日期和修改人。如果修改痕迹比较多，则可以点击报表所对应的"查看"链接选择的指标进行查看。

四、进度监测和报表催报

县级及以下统计机构负责监测辖区内企业的报表上报进度，对未报企业进行催报。在企业一套表系统中由录入进度监测功能和报表催报功能来实现。

录入进度监测：

操作方法：点击"录入进度监测"，选择报表、期别，点击查询按钮，可以看到所选报表对应的数据，包括直报录入数和直报未录入数，点击蓝色数字链接可查看对应的企业信息。也可以按处理地查看上报情况。

报表催报：

操作方法：【录入进度监测】，点击直报未录入的用户，可以看到有发送催报短信的功能。发送短信有两种方式：单报表直接发送和定时发送。

单报表直接发送：直报未录入查询页面，勾选调查对象前面的□选中用户，点击 发送催报短信 按钮，弹出发送页面，填写发送内容发送，即将短信发送给所选未报送的直报用户。点击 发送 按钮，发送完毕后出现提交提示页面，发送将以后台的处理方式执行。发送完成后，系统会自动发送成功或失败消息至我的消息中，内容包括发送时间、成功或失败、失败原因。

定时发送：直报未录入查询页面，勾选调查对象前面的□选中用户，点击发送催报短信按钮，弹出发送页面，填写发送内容发送，即将短信发送给所选未报送的直报用户。定时发送手机短信，应在报表报送结束前进行时间设置和发送周期设置。设置完成后，每到设置的定时发送时间，系统将自动发送短消息，发送将以后台的处理方式执行。发送完成后，系统会自动发送成功或失败消息至我的消息中，内容包括发送时间、成功或失败、失败原因。

五、数据验收提交

县级统计机构对数据进行验收后，上级统计机构可以在数据验收页面查看其验收结果。

六、返回企业查询修改

在数据验收页面，县级统计机构可以查看上级统计机构对企业的验收结果。如果上级统计机构对企业的验收结果是验收不通过，县级统计机构按上级统计机构的要求，将数据返回企业修改。

七、数据汇总

数据验收工作完成以后，县级统计机构可以按照上级统计机构最终确定的基础数据汇总本级数据，生成汇总结果，打印、导出汇总结果。

数据汇总：

操作方法：【数据汇总】—【汇总表选择】，用户可以选择的汇总表有“常规汇总表”或“自定义汇总表”。进入“汇总表选择”页面时，用户通过“制度选择”下拉菜单选择“企业一套表统计制度调查”，可以查看对应制度的汇总表分为常规汇总表和自定义汇总表。选择所需要的报表，直接点击上面的执行，执行后可以在汇总任务查看中查看汇总结果。

汇总范围选择：

操作方法：点击图标，弹出“选择汇总范围”对话框，用户可以选择汇总范围进行汇总。

汇总条件设置：

操作方法：只有汇总数据来源为同一调查对象及其数据表的汇总表才能设置汇总条件。如果汇总数据来源为两个或两个以上调查对象表，点击该汇总表对应的条件设置按钮，系统提示：该汇总表由不同的调查对象类型的数据汇总而成，目前系统暂不支持对不同调查对象类型的数据设置过滤条件！

选择要设置汇总条件的汇总表，点击其对应的条件设置按钮，系统弹出条件设置页面，用户可在此对过滤条件进行设置。

汇总类型设置：

操作方法：可以选择不同的汇总类型，包括超级汇总和逐级汇总。

"超级汇总"是对基层表进行取数汇总，"逐级汇总"是对当前处理地的下级处理地汇总结果进行汇总。如果下级处理地没有执行过汇总，那么上级处理地执行逐级汇总，汇总结果为空。县级及以下处理地的逐级汇总为超级汇总。

汇总任务查看：

操作方法：汇总结果查看页面，不论是自定义汇总表还是常规汇总表，均使用以下控制规则：

1.只有提交用户本人才能查看结果、重新执行、停止、删除；

2.其他有权限的用户可以查看结果，但不能重新执行、停止、删除。

点击数据汇总下的【汇总结果查看】按钮，右侧视图区显示汇总任务管理界面。

打印、导出汇总结果：

操作方法：【数据汇总】—【汇总任务查看】，汇总后点击报表名称，可以对汇总后的报表进行操作，点击打印可以对汇总表进行打印，点击导出可以导出汇总表。打印汇总表也可以在数据查询模块中完成，点击打印按钮后，下载打印控件并且需要对打印方式进行设置。导出汇总表也可在数据查询模块中实现。

第三节　地市级统计机构用户操作说明

通过企业一套表数据采集处理软件平台和联网直报系统，地市级统计机构所能处理的业务操作包括：辖区内企业的联网直报用户及权限管理、本级必要的制度定制、直管企业和县级统计机构上报数据的审核验收、辖区内直管企业和县级统计机构联网直报进度监管、数据上报省级统计机构、本级的数据处理等。

一、直报用户及权限管理

地市级统计机构负责辖区内直管企业的联网直报用户停用启用用户功能、密码重置功能和联系方式更改功能。

停用启用用户：

操作步骤：【直报用户管理】—【用户维护】，如果用户状态为"停用"状态时，勾选要修改的用户然后点击启用按钮，系统给出提示。点击确定，将用户状态更改为启用状态，启用直报用户成功后，系统给出成功的提示。

如果用户状态为"启用"状态时，点击停用按钮，系统给出提示。点击确定，将用户状态更改为停用状态，停用直报用户成功后，系统给出成功的提示。操作与启用类似。停用用户不能在外网进行数据报送和消息发送，但可以进行数据查询。

密码重置：

操作步骤：【直报用户管理】—【用户维护】，点击密码重置，点击确定后，提示“重置直报用户密码成功！”，企业的密码则更改为企业的组织机构代码。

联系方式更改：

操作步骤：【直报用户管理】—【用户维护】，筛选出符合条件的企业，点击修改，会弹出相应页面，输入修改后的联系电话，点击保存，提示修改成功之后即可。

二、制度定制和报表分配

本级必要的调查制度定制包括元数据系统的制度再设计报表分配，对企业的报表分配包括该系统报表分配功能和填报范围设置功能。

元数据系统再设计：

操作步骤：登录元数据系统，【再设计】—【选择制度】，根据地市级统计机构统计用户的要求进行制度再设计。

报表分配：

操作步骤：【填报设置】—【维护直报用户关联的报表】，维护用户关联的报表通过两部分完成设置，第一步是选择用户，第二步是选择报表。选中一个用户，点击 设置关联关系 按钮，进入更改用户报表关联关系页面，设置完报表关联关系后，点击 保存 按钮，弹出保存成功提示。若是批量设置报表关联关系，设置完后点击“保存”，系统以任务方式提交。

三、数据审核验收

地市级统计机构负责审核下级和直管企业提交的数据，对数据进行验收，必要时返回企业修改，在企业一套表系统中由审核功能和验收功能实现。

审核功能：

①审核执行

操作步骤：登录企业一套表系统，【数据审核】—【公式审核】。审核包括基层表审核、综合表审核和自定义汇总表审核，增量审核是对选中报表本期未审核和审核后又修改的数据进行审核，全部审核是对选中报表的所有本期数据进行审核。

②设置不审企业

操作步骤：【审核关系】—【查看】，进入报表的审核关系页面。

“设置不审企业”列显示该公式设置的不进行审核的企业数，（设置过的不审企业，在数据上报时或数据审核时，该审核公式对应的设置过的不审企业不做审核）对所有审核公式都有效,点击数字链接进入设置不审企业页面。

“设置说明企业”列只对B类审核公式(准强制性)有效,该列显示针对审核公式已经设置过的用户说明企业数(设置说明企业,在数据上报时或数据审核时,对该B类审核公式可填写用户说明后上报数据,同C类审核公式),点击数字链接进入设置说明企业页面。

③按地区统计

选中要查看审核信息的报表,点击【按地区统计】按钮,进入审核错误分地区详细统计信息页面。

④按错误统计

点击【按错误统计】按钮,进入审核错误详细统计信息页面。

验收功能:

验收结果包括验收通过和验收不通过。

操作步骤:登录企业一套表系统,【数据审核】—【数据验收】,选中目标企业,点击验收通过按钮,填写验收说明,点击确定即可;

选中目标企业,点击验收不通过按钮,会出现验收说明,也可对验收不通过的进行短信设置重报时间,短信内容可具体说明,点击数据审核——数据验收——点击所要验收的报表——选择企业——验收不通过,填写“验收说明”,选择“是否向下级统计部门发送消息”、“是否向直报用户返数”,设置重报开始时间和重报截止时间。

验收截止时间:

当前用户级别是地市级,显示下级验收截止时间和本级验收截止时间。点击设置可以对下级验收截止时间进行设置,不得晚于本级的验收截止时间。只有国家、省级和地市级用户显示下级验收截止时间。

查看企业修改痕迹:

在数据验收页面中,可以查看每张表的数据修改痕迹记录,包括与修改数据有关联的组织机构代码、单位详细名称、被修改指标、修改前后值、修改日期和修改人。如果修改痕迹比较多,则可以点击报表所对应的“查看”链接选择的指标进行查看。

四、进度监测和报表催报

地市级统计机构负责监测辖区内直管企业和下级统计机构的报表上报进度,对未报企业进行催报。在企业一套表系统中由录入进度监测功能和报表催报功能来实现。

录入进度监测:

操作方法:点击“录入进度监测”,选择报表、期别,点击查询按钮,可以看到所选报表对应的数据,包括直报录入数和直报未录入数;点击蓝色数字链接可查看对应的企业信息。也可以按处理地查看上报情况。

报表催报：

操作方法：【录入进度监测】，点击直报未录入的用户，可以看到有发送催报短信的功能。发送短信有两种方式：单报表直接发送和定时发送。

单报表直接发送：直报未录入查询页面，勾选调查对象前面的□选中用户，点击发送催报短信按钮，弹出发送页面，填写发送内容发送，即将短信发送给所选未报送的直报用户。点击发送按钮，发送完毕后出现提交提示页面，发送将以后台的处理方式执行。发送完成后，系统会自动发送成功或失败消息至我的消息中，内容包括发送时间、成功或失败、失败原因。

定时发送：直报未录入查询页面，勾选调查对象前面的□选中用户，点击发送催报短信按钮，弹出发送页面，填写发送内容发送，即将短信发送给所选未报送的直报用户。定时发送手机短信，应在报表报送结束前进行时间设置和发送周期设置。设置完成后，每到设置的定时发送时间，系统将自动发送短消息，发送将以后台的处理方式执行。发送完成后，系统会自动发送成功或失败消息至我的消息中，内容包括发送时间、成功或失败、失败原因。

五、数据验收提交

地市级统计机构对数据进行验收后，上级统计机构可以在数据验收页面查看其验收结果。

六、返回企业查询修改

在数据验收页面，地市级统计机构可以查看上级统计机构对企业的验收结果。如果上级统计机构对企业的验收结果是验收不通过，地市级统计机构按上级统计机构的要求，将企业的验收结果设置为验收不通过。

七、数据汇总

数据验收工作完成以后，地市级统计机构可以按照上级统计机构最终确定的基础数据汇总本级数据，生成汇总结果，打印、导出汇总结果。

数据汇总：

操作方法：【数据汇总】—【汇总表选择】，用户可以选择的汇总表有“常规汇总表”或“自定义汇总表”。进入“汇总表选择”页面时，用户通过“制度选择”下拉菜单选择“企业一套表统计制度调查”，可以查看对应制度的汇总表分为常规汇总表和自定义汇总表。选择所需要的报表，直接点击上面的执行，执行后可以在汇总任务查看中查看汇总结果。

汇总范围选择：

操作方法：点击图标，弹出“选择汇总范围”对话框，用户可以选择汇总范围进行汇总。

汇总条件设置：

操作方法：只有汇总数据来源为同一调查对象及其数据表的汇总表才能设置汇总条件。如果汇总数据来源为两个或两个以上调查对象表，点击该汇总表对应的条件设置按钮，系统提示：该汇总表由不同的调查对象类型的数据汇总而成，目前系统暂不支持对不同调查对象类型的数据设置过滤条件！

选择要设置汇总条件的汇总表，点击其对应的条件设置按钮，系统弹出条件设置页面，用户可在此对过滤条件进行设置

汇总类型设置：

操作方法：可以选择不同的汇总类型，包括超级汇总和逐级汇总。

“超级汇总”是对基层表进行取数汇总，“逐级汇总”是对当前处理地的下级处理地汇总结果进行汇总。如果下级处理地没有执行过汇总，那么上级处理地执行逐级汇总，汇总结果为空。

汇总任务查看：

操作方法：汇总结果查看页面，不论是自定义汇总表还是常规汇总表，均使用以下控制规则：

1. 只有提交用户本人才能查看结果、重新执行、停止、删除；

2. 其他有权限的用户可以查看结果，但不能重新执行、停止、删除。

点击数据汇总下的【汇总结果查看】按钮，右侧视图区显示汇总任务管理界面。

打印、导出汇总结果：

操作方法：【数据汇总】—【汇总任务查看】，汇总后点击报表名称，可以对汇总后的报表进行操作，点击 打印 可以对汇总表进行打印，点击 导出 可以导出汇总表。打印汇总表也可以在数据查询模块中完成，点击打印按钮后，下载打印控件并且需要对打印方式进行设置。导出汇总表也可在数据查询模块中实现。

第四节　省级统计机构用户操作说明

通过企业一套表数据采集处理软件平台和联网直报系统，省级统计机构所能处理的业务操作包括：辖区内企业的联网直报用户及权限管理、本级必要的制度定制、直管企业和地市级统计机构上报数据的审核验收、辖区内直管企业和地市级统计机构联网直报进度监管、数据上报国家统计局、省级数据处理等。

一、制度定制

本省调查制度的统一定制包括元数据系统制度的创建流程。

元数据系统制度的创建流程，主要包括：新建元数据说明、新建统计调查项目立项申请、新建统计制度内容、新建统计指标、新建统计填报目录、新建统计分类标准和新建统计制度方法文件。

二、任务部署

本省调查任务的统一部署包含两种情况：

国家部署节点：按照国家直接继承制度。

省级部署节点：需要搭建企业一套表数据处理平台，安装企业一套表软件，登录企业一套表系统进行报表分配和填报范围设置。

三、直报用户及权限管理

省级统计机构负责辖区内直管企业的联网直报用户停用启用用户功能、密码重置功能和联系方式更改功能。

停用启用用户：

操作步骤：【直报用户管理】—【用户维护】，如果用户状态为“停用”状态时，勾选要修改的用户然后点击 启用 按钮，系统给出提示。点击 确定 ，将用户状态更改为启用状态，启用直报用户成功后，系统给出成功的提示。

如果用户状态为“启用”状态时，点击 停用 按钮，系统给出提示。点击 确定 ，将用户状态更改为停用状态，停用直报用户成功后，系统给出成功的提示。操作与启用类似。停用用户不能在外网进行数据报送和消息发送，但可以进行数据查询。

密码重置：

操作步骤：【直报用户管理】—【用户维护】，点击密码重置，点击确定后，提示“重置直报用户密码成功！”，企业的密码则更改为企业的组织机构代码。

联系方式更改：

操作步骤：【直报用户管理】—【用户维护】，筛选出符合条件的企业，点击修改，会弹出相应页面，输入修改后的联系电话，点击保存，提示修改成功之后即可。

四、数据审核验收

省级统计机构负责审核下级和直管企业提交的数据，对数据进行验收，必要时返回企业修改，在企业一套表系统中由审核功能和验收功能实现。

审核验收企业填报数据包括企业一套表系统审核功能和验收功能。

审核功能：

①审核执行

操作步骤：登录企业一套表系统，【数据审核】—【公式审核】。审核包括基层表审核、综合表审核和自定义汇总表审核，增量审核是对选中报表本期未审核和审核后又修改的数据进行审核，全部审核是对选中报表的所有本期数据进行审核。

②设置不审企业

操作步骤：【审核关系】—【查看】，进入报表的审核关系页面。

“设置不审企业”列显示该公式设置的不进行审核的企业数，（设置过的不审企业，在数据上报时或数据审核时，该审核公式对应的设置过的不审企业不做审核）对所有审核公式都有效，点击数字链接进入设置不审企业页面。

“设置说明企业”列只对B类审核公式（准强制性）有效，该列显示针对审核公式已经设置过的用户说明企业数（设置说明企业，在数据上报时或数据审核时，对该B类审核公式可填写用户说明后上报数据，同C类审核公式），点击数字链接进入设置说明企业页面。

③按地区统计

选中要查看审核信息的报表，点击【按地区统计】按钮，进入审核错误分地区详细统计信息页面。

④按错误统计

点击【按错误统计】按钮，进入审核错误详细统计信息页面。

验收功能：

验收结果包括验收通过和验收不通过。

操作步骤：登录企业一套表系统，【数据审核】—【数据验收】，选中目标企业，点击验收通过按钮，填写验收说明，点击确定即可。

选中目标企业，点击验收不通过按钮，会出现验收说明，也可对验收不通过的进行短信设置重报时间，短信内容可具体说明，点击数据审核——数据验收——点击所要验收的报表——选择企业——验收不通过，填写“验收说明”，选择“是否向下级统计部门发送消息”、“是否向直报用户返数”，设置重报开始时间和重报截止时间。

验收截止时间：

当前用户级别是省级，显示下级验收截止时间和本级验收截止时间。点击设置可以对下级验收时间进行设置，但是不得晚于本级的验收截止时间。只有国家、省级和地市级用户显示下级验收截止时间。

查看企业修改痕迹：

在数据验收页面中，可以查看每张表的数据修改痕迹记录，包括与修改数据有关联的组织机构代码、单位详细名称、被修改指标、修改前后值、修改日期和修改人。如果修改痕迹比较多，则可以点击报表所对应的“查看”链接选择的指标进行查看。

五、进度监测和报表催报

省级统计机构负责监测辖区内直管企业和下级统计机构的报表上报进度，对未报企业进行催报。在企业一套表系统中由录入进度监测功能和报表催报功能来实现。

录入进度监测：

操作方法：点击“录入进度监测”，选择报表、期别，点击查询按钮，可以看到所选报表对应的数据，包括直报录入数和直报未录入数；点击蓝色数字链接可查看对应的企业信息。也可以按处理地查看上报情况。

报表催报：

操作方法：【录入进度监测】，点击直报未录入的用户，可以看到有发送催报短信的功能。发送短信有两种方式：单报表直接发送和定时发送。

单报表直接发送：直报未录入查询页面，勾选调查对象前面的□选中用户，点击 发送催报短信 按钮，弹出发送页面，填写发送内容发送，即将短信发送给所选未报送的直报用户。点击 发送 按钮，发送完毕后出现提交提示页面，发送将以后台的处理方式执行。发送完成后，系统会自动发送成功或失败消息至“我的消息”中，内容包括发送时间、成功或失败、失败原因。

定时发送：直报未录入查询页面，勾选调查对象前面的□选中用户，点击 发送催报短信 按钮，弹出发送页面，填写发送内容发送，即将短信发送给所选未报送的直报用户。定时发送手机短信，应在报表报送结束前进行时间设置和发送周期设置。设置完成后，每到设置的定时发送时间，系统将自动发送短消息，发送将以后台的处理方式执行。发送完成后，系统会自动发送成功或失败消息至“我的消息”中，内容包括发送时间、成功或失败、失败原因。

六、数据验收提交

省级统计机构对数据进行验收后，国家统计局可以在数据验收页面查看其验收结果。

七、返回企业查询修改

在数据验收页面，省级统计机构可以查看国家统计局对企业的验收结果。如果国家统计局对企业的验收结果是验收不通过，省级统计机构按国家统计局的要求，将企业的验收结果设置为验收不通过。

八、数据汇总

数据验收工作完成以后，省级统计机构可以按照国家统计局最终确定的基础数据汇总本级数据，生成汇总结果，打印、导出汇总结果。

数据汇总：

操作方法：【数据汇总】—【汇总表选择】，用户可以选择的汇总表有“常规汇总表”或“自定义汇总表”。进入“汇总表选择”页面时，用户通过“制度选择”下拉菜单选择“企业一套表统计制度调查”，可以查看对应制度的汇总表分为常规汇总表和自定义汇总表。选择所需要的报表，直接点击上面的执行，执行后可以在汇总任务查看中查看汇总结果。

汇总范围选择：

操作方法：点击图标，弹出“选择汇总范围”对话框，用户可以选择汇总范围进行汇总。

汇总条件设置：

操作方法：只有汇总数据来源为同一调查对象及其数据表的汇总表才能设置汇总条件。如果汇总数据来源为两个或两个以上调查对象表，点击该汇总表对应的条件设置按钮，系统提示：该汇总表由不同的调查对象类型的数据汇总而成，目前系统暂不支持对不同调查对象类型的数据设置过滤条件！

选择要设置汇总条件的汇总表，点击其对应的条件设置按钮，系统弹出条件设置页面，用户可在此对过滤条件进行设置。

汇总类型设置：

操作方法：可以选择不同的汇总类型，包括超级汇总和逐级汇总。

“超级汇总”是对基层表进行取数汇总，“逐级汇总”是对当前处理地的下级处理地汇总结果进行汇总。如果下级处理地没有执行过汇总，那么上级处理地执行逐级汇总，汇总结果为空。

汇总任务查看：

操作方法：汇总结果查看页面，不论是自定义汇总表还是常规汇总表，均使用以下控制规则：

1. 只有提交用户本人才能查看结果、重新执行、停止、删除；

2. 其他有权限的用户可以查看结果，但不能重新执行、停止、删除。

点击数据汇总下的【汇总结果查看】按钮，右侧视图区显示汇总任务管理界面。

打印、导出汇总结果：

操作方法：【数据汇总】—【汇总任务查看】，汇总后点击报表名称，可以对汇总后的报表进行操作，点击打印可以对汇总表进行打印，点击导出可以导出汇总表。打印汇总表也可以在数据查询模块中完成，点击打印按钮后，下载打印控件并且需要对打印方式进行设置。导出汇总表也可在数据查询模块中实现。

第五节　国家统计局用户操作说明

国家统计局内部用户按其所从事的统计设计管理、基本单位名录库管理、数据管理与技术支持、专业数据处理等业务分工，分别简述软件操作说明。

一、统计设计管理司

(一)创建更新元数据(库)

包括元数据系统制度的创建和元数据(库)系统制度的再设计。

元数据系统制度的创建：

元数据系统制度的创建流程主要包括：新建元数据说明、新建统计调查项目立项申请、新建统计制度内容、新建统计指标、新建统计填报目录、新建统计分类标准和新建统计制度方法文件。

元数据系统再设计：

操作步骤：登录元数据系统，【再设计】—【选择制度】，根据年定报制度的要求进行制度再设计。

(二)审核各专业(行业)报表制度定制情况

设计管理部门负责审核专业报表的指标、目录、报表的定制情况。

二、普查中心

(一)提供和加载调查单位库(含专业标识)

加载调查单位库由企业一套表系统中数据导入功能实现。

数据导入：

操作方法：【数据导入】—【导入外部数据】，选择导入报表类型、数据处理地、导入文件、导入方式，建立映射关系，执行导入即可。

(二)组织基本单位情况表的审核验收和返回企业修改

名录库管理部门主要负责基本单位情况表的审核、验收工作，在企业一套表系统中，由审核功能和验收功能来实现。

审核功能：

①审核执行

操作步骤：登录企业一套表系统，【数据审核】—【公式审核】。审核包括基层表审核、综合表审核和自定义汇总表审核，增量审核是对选中报表本期未审核和审核后又修改的数据进行审核，全部审核是对选中报表的所有本期数据进行审核。

②设置不审企业

操作步骤：【审核关系】—【查看】，进入报表的审核关系页面。

“设置不审企业”列显示该公式设置的不进行审核的企业数，（设置过的不审企业，在数据上报时或数据审核时，该审核公式对应的设置过的不审企业不做审核）对所有审核公式都有效，点击数字链接进入设置不审企业页面。

“设置说明企业”列只对B类审核公式（准强制性）有效，该列显示针对审核公式已经设置过的用户说明企业数。（设置说明企业，在数据上报时或数据审核时，对该B类审核公式可填写用户说明后上报数据，同C类审核公式），点击数字链接进入设置说明企业页面。

③按地区统计

选中要查看审核信息的报表，点击【按地区统计】按钮，进入审核错误分地区详细统计信息页面。

④按错误统计

点击【按错误统计】按钮，进入审核错误详细统计信息页面。

验收功能：

验收结果包括验收通过和验收不通过。

操作步骤：登录企业一套表系统，【数据审核】—【数据验收】，选中目标企业，点击验收通过按钮，填写验收说明，点击确定即可。

选中目标企业，点击验收不通过按钮，会出现验收说明，也可对验收不通过的进行短信设置重报时间，短信内容可具体说明，点击数据审核——数据验收——点击所要验收的报表——选择企业——验收不通过，填写“验收说明”，选择“是否向下级统计部门发送消息”、“是否向直报用户返数”，设置重报开始时间和重报截止时间。

查看企业修改痕迹：

在数据验收页面中，可以查看每张表的数据修改痕迹记录，包括与修改数据有关联的组织机构代码、单位详细名称、被修改指标、修改前后值、修改日期和修改人。如果修改痕迹比较多，则可以点击报表所对应的“查看”链接选择的指标进行查看。

(三)数据加工汇总

数据验收工作完成以后，名录库管理部门可以对基本单位情况表进行数据汇总，生成汇总结果，打印、导出汇总结果。

数据汇总：

操作方法：【数据汇总】—【汇总表选择】，用户可以选择的汇总表有“常规汇总表”或“自定义汇总表”，进入“汇总表选择”页面时，用户通过“制度选择”下拉菜单选择“企业一套表统计制度调查”，可以查看对应制度的汇总表分为常规汇总表和自定义汇总表，选择所需要的报表，直接点击上面的执行，执行后可以在汇总任务查看中查看汇总结果。

汇总范围选择：

操作方法：点击图标，弹出“选择汇总范围”对话框，用户可以选择汇总范围进行汇总。

汇总条件设置：

操作方法：只有汇总数据来源为同一调查对象及其数据表的汇总表才能设置汇总条件。如果汇总数据来源为两个或两个以上调查对象表，点击该汇总表对应的条件设置按钮，系统提示：该汇总表由不同的调查对象类型的数据汇总而成，目前系统暂不支持对不同调查对象类型的数据设置过滤条件！

选择要设置汇总条件的汇总表，点击其对应的条件设置按钮，系统弹出条件设置页面，用户可在此对过滤条件进行设置。

汇总类型设置：

操作方法：可以选择不同的汇总类型，包括超级汇总和逐级汇总。

“超级汇总”是对基层表进行取数汇总，“逐级汇总”是对当前处理地的下级处理地汇总结果进行汇总。如果下级处理地没有执行过汇总，那么上级处理地执行逐级汇总，汇总结果为空。

汇总任务查看：

操作方法：汇总结果查看页面，不论是自定义汇总表还是常规汇总表，均使用以下控制规则：

1. 只有提交用户本人才能查看结果、重新执行、停止、删除；

2. 其他有权限的用户可以查看结果，但不能重新执行、停止、删除。

点击数据汇总下的【汇总结果查看】按钮，右侧视图区显示汇总任务管理界面。

三、数据管理中心

（一）制度定制和测试（技术支持）

为新建元数据、统计调查项目立项申请、统计制度内容、统计指标、统计填报目录、统计分类标准提供技术支持。制度定制工作完成后，用测试数据对软件功能进行测试。

（二）导入调查单位库和必要的历史数据

导入调查单位库和必要的历史数据由企业一套表系统中的数据导入功能实现。

数据导入：

操作方法：【数据导入】—【导入外部数据】，选择导入报表类型、数据处理地、导入文件、导入方式，建立映射关系，执行导入即可。

（三）调查任务部署和制度发布

国家节点，由技术支持部门完成企业一套表软件的安装部署和制度发布。

制度发布：

操作方法：登录元数据系统，【管理】—【发布制度】，勾选需要发布的制度或者点击全选复选框，对制度进行发布。可以整体发布，也可以发布制度信息，或者点击批量发布。

发布成功会在当前发布状态提示：“发布成功！”

同时也可以点击“发布历史记录”，查看之前的发布历史。

（四）数据采集处理阶段的技术支持

包括系统维护、数据实时同步和融合、网报数据导出至汇总环境等。

数据采集处理阶段的技术支持工作主要有：

1. 进行系统运行监测，包括国家环境和各省级节点环境的 F5、Web 服务器、应用服务器、数据库服务器的运行情况监控以及应急处理。

2. 进行各省级节点和国家节点的 CDC 同步传输情况监控以及应急处理。

3. 在上报期结束，确定数据验收完毕以后，将清华同方与京云万峰的采集数据合库，导入至单机版汇总设备进行数据汇总。

（五）用户权限维护等系统管理

用户权限维护等系统管理包括企业一套表 admin 机构管理、角色管理和用户管理权限分配等。

机构管理—创建机构：

操作方法：可以在组织下创建新的机构，也可以在机构下创建新的机构。在机构树上选择要创建机构的上级组织或机构，点击 创建机构 按钮，进入机构信息编辑界面。“上级机构”不可修改，如果是某机构下的下属机构，则上级机构项中会自动输入上级机构。其他输入标准同创建组织一致，这里不作介绍。输入机构的相关信息，确认后点击 创建 按钮完成创建操作，否则点击 返回 按钮。

机构管理—修改机构：

点击机构树中要修改的机构名称或点击机构树中相应的机构，则在视图区显示该机构的基本信息，点击 修改 按钮，进入机构信息编辑界面。修改相应栏目的信息后点击 修改 按钮，完成修改操作。否则点击 取消 按钮。

机构管理—查询机构：

点击操作区的 机构列表 按钮，进入机构显示界面，点击页面中的 查询机构 按钮，用户可以根据不同的需要查询机构，可以输入一个查询条件也可输入多个查询条件。其中“机构名称”和“机构简称”的查询为模糊查询，只要求输入所包含的词或字即可查询出相关的组织；其他条件查询是精确查询，要求输入完整的信息方能查询定位。

在机构显示页面点击选择地区按钮，选择地区后点击确定，查询出选择地区下的机构，可以选择所属地区中下属几级、包含上级或只包含本级复合查询条件进行查询。

机构管理—启用/停用机构：

在机构查询结果页面，用户可对已停用(启用)的机构进行启用(停用)操作，选中要启用(停用)的机构，点击启用或停用按钮；点击列表中要启用(停用)的机构后对应的点击启用/点击停用按钮，也可对机构进行启用(停用)操作。

机构管理—删除机构：

用户可在机构查询结果页面列表中选中要删除的机构，然后点击删除按钮；也可点击要删除的机构或在机构树上选择要删除的机构，进入机构基本信息页面，选择要删除的机构点击删除按钮，即可删除选中机构。删除是不可逆的操作，因此系统会弹出警告提示信息。

角色管理—创建角色：

创建机构完后要进行角色的创建。选中要创建角色的机构，点击创建角色按钮，进入角色信息编辑界面，输入角色信息，选择角色类型，选择角色模版，确认后点击创建按钮完成创建操作，否则点击返回按钮。

角色类型包含统计部门和其他有关部门，其中统计部门下的用户是统计局用户，其他有关部门用户指的是部门用户。统计部门用户可以直接选择权限模板赋权。

创建角色时，可以通过选中多个模板并同时按下 Ctrl 或 Shift 键来创建一个同时具有多模板权限的角色。创建成功后，在该角色的“权限设置”中可以查看该角色具有所有制度下所有专业的权限。

权限设置：

可按树形展开，也可按列表结构显示。

按列表结构显示，分为操作、元数据、已选权限三个列表，具体如下：

(1)操作列表中显示顶层的各操作节点；

(2)对象列表中显示操作节点之下的对象节点，显示被选择操作节点下的对象节点；

(3)操作列表和元数据列表都可以多选。选中后，点击“添加”按钮，即可将选中的操作和对象组合为权限对象，添加到已选权限列表中；

(4)显示按照操作和对象层次进行缩进显示。

角色管理—查询角色：

选中要修改的角色，进入角色基本信息界面，点击修改按钮，进入角色信息编辑界面，修改相应栏目的信息后点击修改按钮，完成修改操作。否则点击取消按钮。

角色管理—修改角色：

点击操作区的角色列表按钮，进入角色显示页面，点击查询角色按钮，进入角色查询页面，用户可以根据不同的需要查询角色，可以输入一个查询条件也可输入多个查询条件。其中“角色名称”和“角色描述”的查询为模糊查询，只要求输入所包含的词或字即可查询出相关的角色。“角色状态”有三种，分别是全部、启用、停用；“所属机构”不可手动输入，可以根据后面的选择按钮来选择机构，也可以对所选择的机构进行清空。

在机构显示页面点击选择地区按钮，选择地区后点击确定，查询出选择地区下的角色，可以选择所属地区中下属几级、包含上级或只包含本级复合查询条件进行查询。

角色管理一启用/停用角色：

在角色查询结果页面，用户可对已停用（启用）的角色进行启用（停用）操作，选中要启用（停用）的角色，点击启用（停用）按钮；点击列表中要启用（停用）的角色后对应的点击启用/点击停用按钮，也可对角色进行启用（停用）操作。

角色管理一删除角色：

用户可在角色查询结果页面列表中选中要删除的角色，然后点击删除按钮；也可点击要删除的角色或在角色树上选择要删除的角色，进入角色基本信息页面，选择要删除的角色，点击删除按钮即可删除。

注意：角色下创建用户后，角色不可直接删除。删除时会弹出提示信息。

角色管理一 角色权限设置：

选择要授权的角色，点击视图区该角色的基本信息下的权限设置按钮，进入权限设置界面，选择要赋予的权限点击“保存”按钮完成权限设置。如果删除权限，可以去掉要删除权限的选择。

用户管理一创建单个用户：

选择要创建用户的角色，点击创建用户，进入“创建用户”页面，默认进入“创建单个用户”页面，填写用户信息，包括：用户登录名、用户密码、确认密码、用户姓名等信息后，点击创建按钮，系统提示创建用户成功。

注意：用户名不允许存在重复的情况，如果创建的用户已经存在，系统会提示创建失败。

用户管理一批量创建用户：

选中要创建用户的角色，点击创建用户，进入“创建用户”页面，选择“批量创建用户”，录入的用户信息如果行数不够用（默认为 10 行），可以点击“增加行”继续录入用户信息。

新增的用户名必须不同，密码可以不同，也可以相同，统一设定。

例如：统一设定密码为 1，可以在批量创建用户页面点击“设定所有密码”，弹出设定密码的小窗口，输入密码 1，点击“确定”，这样此次批量新建的用户密码都置为“1”。

用户管理一修改用户：

选中要修改的用户，进入用户基本信息界面，点击 修改 按钮，进入角色信息编辑界面，修改相应栏目的信息后点击 修改 按钮，完成修改操作。否则点击“取消”按钮。

用户管理一查询用户：

点击 用户列表 下的 查询用户 按钮，进入用户查询界面，用户可以根据不同的需要查询用户，可以输入一个查询条件也可输入多个查询条件。其中用户姓名的查询为模糊查询，只要求输入所包含的词或字即可查询出相关的用户；其他条件查询是精确查询，要求输入完整的信息方能查询定位。

用户管理一启用/停用用户：

在用户查询结果页面，用户可对已停用（启用）的用户进行启用（停用）操作，选中要启用（停用）的用户，点击 启用 （ 停用 ）按钮；点击列表中要启用（停用）的用户后对应的点击启用/点击停用按钮，也可对用户进行启用（停用）操作。

用户管理一删除用户：

用户可在用户查询结果页面列表中选中要删除的用户，然后点击 删除 按钮；也可点击要删除的用户或在用户树上选择要删除的用户，进入用户基本信息页面，选中要删除的用户，点击 删除 按钮，完成删除操作。

注意：如果用户录过数据表，将不能被删除。

用户管理一用户权限设置：

选择要赋权限的用户，点击 权限设置 按钮，进入权限设置界面，选择要赋予的权限点击“保存”按钮完成权限设置。如果删除权限，可以去掉要删除权限的选择。

（六）数据存储、管理和系统备份等

只有系统管理员（admin 用户）具有数据备份恢复的权限。

数据备份恢复分为两部分：数据库备份恢复和文件备份恢复。

数据备份恢复时，为了保证恢复前后数据的完整性，不允许进行以下操作：数据录入、数据审核、数据汇总、数据导入导出、数据清空、数据初始化操作。

数据备份恢复：

操作方法：点击 数据备份恢复，进入“数据备份恢复”页面。默认进入“数据库备份恢复”页签，视图区显示已经备份的文件信息和备份文件的路径。点击“执行备份”按钮，然后点击“确定”按钮，提示窗口关闭，会弹出一个窗口提示数据备份任务已经提交。执行完毕后，备份的文件信息将显示在备份文件信息列表里。备份恢复完成之后，可以在我的消息里查看信息，点击“数据备份恢复”可以看到已经备份的文件。选择备份的数据，点击 恢复 则立即恢复数据，选择需要删除的数据，点击 删除 则删除数据。备份、恢复、删除备份数据完成后，“我的消息”中会出现消息提示。

文件备份恢复：

操作方法：在“数据备份恢复”页面，选择“文件备份恢复”，进入“文件备份恢复”页面，选定相关的报表文件，进行导出导入操作。

导出：选择相对应的报表，然后选择“导出”按钮后，提交任务。备份成功后会在“我的消息”中显示，可以进入查看并下载。

导入：点击 导入 按钮后，通过 浏览... 按钮，选择文件路径，点击 确定 按钮，提交任务。

机构用户权限备份与恢复：

操作方法：系统中所有的机构、角色、用户、权限一次性整体操作，不做对单个项目的操作。

备份与恢复方式为整体备份与恢复，不做增量的恢复与备份，恢复时如果用户系统中已有机构、角色和用户信息，恢复时提示用户原有信息是否覆盖；备份与恢复都是以任务的方式提交，完成后在“我的消息”中提示用户，备份完成后消息里提供下载备份文件连接，文件格式采用压缩形式，内部文件使用文本格式；备份后的数据文件，仅供“机构用户权限恢复”时用，备份完成后的文件不得编辑与修改；恢复的数据文件，必须为“机构用户权限备份”备份出的原文件，不可恢复自行编辑修改过的文件。

机构用户权限备份：

操作方法：点击 数据备份恢复 进入机构用户权限备份恢复页面。点击“备份”按钮，机构用户备份任务提交。在“我的消息”中可以看到机构用户备份的消息，并可以下载文件。

机构用户权限恢复：

点击 数据备份恢复 进入机构用户权限备份恢复页面。点击页面上的“机构用户权限恢复”选项卡，点击“浏览”按钮，选择要导入的机构用户权限备份文件，点击“确定”按钮，弹出提示页面。

点击确定，机构用户权限恢复任务提交，在“我的消息”中能够看到相应的提示。

报表初始化：

操作方法：点击导航栏 报表初始化，打开初始化页面，在“制度选择”下拉列表中可选择制度，勾选要初始化的报表，然后点击“批量初始化”，提交批量初始化任务。可在进度查询中查看任务进度，任务结束后可在“我的消息”中查看结果。

数据操作授权管理：

操作方法：点击 数据操作授权管理，点击添加按钮，进入可以授权的用户列表，点击 查询用户 按钮，在查询条件文本框下填写信息，点击查询按钮则出现符合条件的用户。可以勾选序号前的复选框选中该用户，再点击确定从而给该用户授权；或者直接选择用户直接授权。授权完成后，返回到已经具有授权的用户列表。

注：授权用户是指对数据导入、批量删除操作有确认权限的用户。如果没有授权用户，则其他用户无法进行数据导入、批量删除操作。

点击 删除 按钮，可以删除选中用户，取消其授权资格。

四、各专业司

（一）分行业报表制度定制和测试

专业统计部门在企业一套表平台上定制报表由系统中元数据系统再设计功能完成。

元数据系统再设计：

操作步骤：登录元数据系统，【再设计】—【选择制度】，根据专业报表制度要求进行制度设计。

（二）组织本专业（行业）的数据审核验收和返回企业修改

专业统计部门负责专业报表的数据审核、验收工作，在企业一套表系统中由数据审核功能和验收功能来实现。

审核功能：

①审核执行

操作步骤：登录企业一套表系统，【数据审核】—【公式审核】。审核包括基层表审核、综合表审核和自定义汇总表审核，增量审核是对选中报表本期未审核和审核后又修改的数据进行审核，全部审核是对选中报表的所有本期数据进行审核。

②设置不审企业

操作步骤：【审核关系】—【查看】，进入报表的审核关系页面。

“设置不审企业”列显示该公式设置的不进行审核的企业数，（设置过的不审企业，在数据上报时或数据审核时，该审核公式对应的设置过的不审企业不做审核）对所有审核公式都有效，点击数字链接进入设置不审企业页面。

“设置说明企业”列只对B类审核公式（准强制性）有效，该列显示针对审核公式已经设置过的用户说明企业数（设置说明企业，在数据上报时或数据审核时，对该B类审核公式可填写用户说明后上报数据，同C类审核公式），点击数字链接进入设置说明企业页面。

③按地区统计

选中要查看审核信息的报表，点击【按地区统计】按钮，进入审核错误分地区详细统计信息页面。

④按错误统计

点击【按错误统计】按钮，进入审核错误详细统计信息页面。

验收功能：

验收结果包括验收通过和验收不通过。

操作步骤：登录企业一套表系统，【数据审核】—【数据验收】，选中目标企业，点击验收通过按钮，填写验收说明，点击确定即可。

选中目标企业，点击验收不通过按钮，会出现验收说明，也可对验收不通过的进行短信设置重报时间，短信内容可具体说明，点击数据审核——数据验收——点击所要验收的报表——选择企业——验收不通过，填写“验收说明”，选择“是否向下级统计部门发送消息”、“是否向直报用户返数”，设置重报开始时间和重报截止时间。

查看企业修改痕迹：

在数据验收页面中，可以查看每张表的数据修改痕迹记录，包括与修改数据有关联的组织机构代码、单位详细名称、被修改指标、修改前后值、修改日期和修改人。如果修改痕迹比较多，则可以点击报表所对应的“查看”链接选择的指标进行查看。

（三）数据加工汇总

数据验收工作完成以后，专业统计部门负责专业数据的汇总工作，生成汇总结果，打印、导出汇总结果。

数据汇总：

操作方法：【数据汇总】—【汇总表选择】，用户可以选择的汇总表有“常规汇总表”或“自定义汇总表”。进入“汇总表选择”页面时，用户通过“制度选择”下拉菜单选择“企业一套表统计制度调查”，可以查看对应制度的汇总表分为常规汇总表和自定义汇总表。选择所需要的报表，直接点击上面的执行，执行后可以在汇总任务查看中查看汇总结果。

汇总范围选择：

操作方法：点击图标，弹出“选择汇总范围”对话框，用户可以选择汇总范围进行汇总。

汇总条件设置：

操作方法：只有汇总数据来源为同一调查对象及其数据表的汇总表才能设置汇总条件。如果汇总数据来源为两个或两个以上调查对象表，点击该汇总表对应的条件设置按钮，系统提示：该汇总表由不同的调查对象类型的数据汇总而成，目前系统暂不支持对不同调查对象类型的数据设置过滤条件！

选择要设置汇总条件的汇总表，点击其对应的条件设置按钮，系统弹出条件设置页面，用户可在此对过滤条件进行设置。

汇总类型设置：

操作方法：可以选择不同的汇总类型，包括超级汇总和逐级汇总。

“超级汇总”是对基层表进行取数汇总，“逐级汇总”是对当前处理地的下级处理地汇总结果进行汇总。如果下级处理地没有执行过汇总，那么上级处理地执行逐级汇总，汇总结果为空。

汇总任务查看：

操作方法：汇总结果查看页面，不论是自定义汇总表还是常规汇总表，均使用以下控制规则：

1. 只有提交用户本人才能查看结果，重新执行、停止、删除；

2. 其他有权限的用户可以查看结果，但不能重新执行、停止、删除。

点击数据汇总下的【汇总结果查看】按钮，右侧视图区显示汇总任务管理界面。

第六章　统计法规和相关规定

企业一套表是统计改革的重要内容，各级、各部门、各调查对象都必须严格遵守统计法律法规，切实履行统计法律法规及有关规定赋予的权利及义务，承担不依法行使权利或履行义务所产生的消极法律后果。

第一节　统计工作的法律规定及相关责任

一、依法设计统计调查项目

（一）统计调查项目的分类

统计调查项目，是指一定时期内为实现特定统计调查目的而组织实施的统计调查。县级以上各级人民政府统计机构和有关部门按照下列三类情况，分别建立统计制度，编制统计调查计划，按照规定经审查机关批准后实施。

国家统计调查项目是指全国性基本情况的统计调查项目，由国家统计局制定，或者由国家统计局和国务院有关部门共同制定。

部门统计调查项目是指国务院有关部门的专业性统计调查项目，由该部门的统计机构组织本部门各有关职能机构编制。

地方统计调查项目是指县级以上地方人民政府及其部门的地方性统计调查项目，由县级以上地方人民政府统计机构和有关部门分别制定或者共同制定。

（二）统计调查项目的设计

1．编制统计调查方案。统计调查方案应当包括下列内容：供统计调查对象填报用的统计调查表和说明书；供整理上报用的统计综合表和说明书；统计调查需要的人员和经费及其来源。

2．选择统计调查方法。搜集、整理统计资料，应当以周期性普查为基础，以经常性抽样调查为主体，综合运用全面调查、重点调查等方法，并充分利用行政记录等资料。

3．制定统计调查制度，统计调查制度应当包括下列内容：调查目的、调查内容、调查方法、调查对象、调查组织方式、调查表式、统计资料的报送和公布等。

4．制定统计调查表。调查表包括表名、法定标识和主表。法定标识包括：表号、制定机关、批准或者备案文号、有效期限；主表包括主栏、宾栏和分栏格，一般主栏列统计指标名称，宾栏列统计指标的计量单位、代码和数额，主栏与宾栏交叉处设分栏格。

二、依法审批和管理统计调查项目

（一）统计调查项目的审批权限

1. 国家统计调查项目的审批权限

国家统计调查项目报国务院备案；重大的国家统计调查项目报国务院审批。重大国情国力普查由国务院统一领导，国务院和地方人民政府组织统计机构和有关部门共同实施。

2. 部门统计调查项目的审批权限

统计调查对象属于本部门管辖系统的，报国家统计局备案；统计调查对象超出本部门管辖系统的，报国家统计局审批。

3. 地方统计调查项目的审批权限

由省级人民政府统计机构单独制定或者和有关部门共同制定的，报国家统计局审批；由省级以下人民政府统计机构单独制定或者和有关部门共同制定的，报省级人民政府统计机构审批；由县级以上地方人民政府有关部门制定的，报本级人民政府统计机构审批。

（二）统计调查项目申请审批或备案的具体要求

1. 国家、部门、地方统计调查项目的立项申请与审批

国家统计调查项目立项申请应提交下列材料：

(1)填写新增(或修订)统计调查项目申请书；

(2)提交统计调查制度；

(3)提交经费保障等有关文件、材料；

(4)提交征求有关单位、统计调查对象及专家意见的情况；

(5)重大、重要国家统计调查项目需提交研究论证或试点的情况。

下一年度拟实施的常规统计调查项目，原则上要在本年度 6 月底前提出立项申请。

部门、地方统计调查项目的立项申请，应提交下列材料：

(1)提交申请公文；

(2)填写新增(或修订)统计调查项目申请书；

(3)提交统计调查制度；

(4)提交经费保障和试点情况等有关文件、材料。

统计调查项目的审批机关应当对调查项目的必要性、可行性、科学性进行审查，对符合法定条件的，作出予以批准的书面决定，并公布；对不符合法定条件的，作出不予批准的书面决定，并说明理由。

2. 部门统计调查项目的申请与备案

部门统计调查对象属于本部门管辖系统的，须履行备案程序。本部门管辖系统，是指该部门直属的单位或者地方各级人民政府与该部门对口设立的管理机构。

备案申请文件应包括以下材料：

(1)提交申请公文；

(2)填写新增(或修订)统计调查项目申请书；

(3)提交统计调查制度。

统计调查项目的备案机关按照统计调查项目的必要性、可行性、科学性等审批原则进行审查。对符合法定条件的，核发备案文号；对审核阶段发现问题的，由申请单位进行修改；对不符合法定条件的，书面复函申请单位，并说明理由。

3. 内容变更的审批和备案

统计调查应当按照统计调查制度组织实施。变更统计调查制度的内容，应当报经原审批机关批准或者原备案机关备案。

(三)统计调查项目的审批原则

1. 必要性原则。统计调查项目要有充分的立项依据、明确的调查目的、合理的资料用途和服务对象，符合既定职能分工，主要内容与其他统计调查项目不重复，主要统计指标不能依靠现有行政记录加工整理获得。

2. 可行性原则。统计调查项目应当兼顾需要与可能，充分考虑基层调查机构和被调查对象的承受能力，有必要的经费保障。需要向财政部门申请预算资金的，必须在项目实施前一年度 6 月 1 日前提出项目经费申请报告，以保证统计调查项目的实施。重大、重要统计调查项目必须经过研究论证和试点。

3. 科学性原则。统计调查项目的方案设计应切合实际，调查对象、调查范围、调查内容、调查方法、组织方式、样本量、调查表、统计资料的报送和公布等要科学合理、规范。指标涵义、计算方法、调查表式、统计编码、统计分类、统计单位、计量单位和数据格式等必须符合国家统计标准和部门统计标准。调查内容要简明扼要，调查方法要科学、合理、高效。

4. 协调性原则。国家统计调查项目、部门统计调查项目、地方统计调查项目应互相衔接，不得重复。国家统计调查项目之间、部门统计调查项目之间和地方统计调查项目之间应协调一致，避免重复。

5. 绩效性原则。统计调查项目制定必须贯彻精简效能、成本核算原则。凡通过抽样调查、行政记录、重点调查能够满足需要的，不得组织开展全面调查。对统计调查项目定期开展绩效评估，提出行政绩效评估意见。

(四)调查项目管理中的法律责任

县级以上人民政府统计机构或者有关部门在组织实施统计调查活动中有下列行

为之一的，由本级人民政府、上级人民政府统计机构或者本级人民政府统计机构责令改正，予以通报；对直接负责的主管人员和其他直接责任人员，由任免机关或者监察机关依法给予处分：

1. 未经批准擅自组织实施统计调查的；

2. 未经批准擅自变更统计调查制度的内容的；

3. 伪造、篡改统计资料的；

4. 要求统计调查对象或者其他机构、人员提供不真实的统计资料的；

5. 未按照统计调查制度的规定报送有关资料的。

统计人员有前面第三项至第五项所列行为之一的，责令改正，依法给予处分。

对未标明法定标识或者超过有效期限的统计调查表，统计调查对象有权拒绝填报；县级以上人民政府统计机构应当依法责令停止有关统计调查活动。

(五)涉及企业一套表内容制度的审批工作

省级统计局要对省及以下各级统计机构对企业一套表制度的调整统一管理、严格把关，经省统计局同意调整的内容要整理后统一上报国家统计局审批。

各地对企业一套表制度调整中，不得修改国家制度中的表名、表号、表式结构和指标代码，不得变更企业报送时间。申报涉及企业一套表内容的调查制度时，需单独列出对一套表内容的具体调整情况，并注明哪些是上年已审批的内容。

地方对一套表内容调整后的法定标识按以下要求处理：

1. 增加指标：对国家报表内容调整较小的报表，如仅增加指标且数量不超过30%，可继续使用国家报表的法定标识；如指标增加数量超过30%，表号可使用国家原表号，制定机关改为地方统计局，必须列明批准文号、有效期。

2. 增加调查频率：国家报告期仍用国家表号和法定标识；增加的报告期需另设地方报表，完全使用地方法定标识。

3. 扩大调查范围：可使用国家表号，但制定机关改为地方统计局，必须列明批准文号、有效期。同时增加指标、扩大调查范围亦按此种方式处理。

三、依法开展统计调查

(一)统计机构和统计人员的法定权利和义务

1. 权利

统计机构和统计人员依照《统计法》规定独立行使统计调查、统计报告、统计监督的职权，不受侵犯。

任何单位和个人有权检举统计中弄虚作假等违法行为。对检举有功的单位和个人应当给予表彰和奖励。

2. 义务

(1)地方各级人民政府、政府统计机构和有关部门以及各单位的负责人,不得自行修改统计机构和统计人员依法搜集、整理的统计资料,不得以任何方式要求统计机构、统计人员及其他机构、人员伪造、篡改统计资料,不得对依法履行职责或者拒绝、抵制统计违法行为的统计人员打击报复。

(2)国家机关、企业事业单位和其他组织以及个体工商户和个人等统计调查对象,必须依照本法和国家有关规定,真实、准确、完整、及时地提供统计调查所需的资料,不得迟报、拒报统计资料。

(3)统计工作应当接受社会公众的监督。

(4)统计机构和统计人员对在统计工作中知悉的国家秘密、商业秘密和个人信息,应当予以保密。

(5)任何单位和个人不得利用虚假统计资料骗取荣誉称号、物质利益或者职务晋升。

为推动企业一套表工作顺利实施,维护统计调查对象合法权益,根据《中华人民共和国统计法》的有关规定,国家统计局推行统计法律事务告知制度(国统政法字〔2012〕6号),要求各级统计机构切实履行统计法律事务告知义务,各联网直报单位要认真学习统计法律法规和企业一套表统计调查制度,了解掌握统计调查对象的合法权益、法定义务和相关要求;要依法保障统计工作条件,满足企业一套表和联网直报工作要求;要依法建立健全统计资料的审核、签署、交接、归档等管理制度,妥善保管原始记录、会计资料等填报依据;要按照国家规定的时间和事先分配的用户名、口令登录专门的联网直报系统,了解和获取企业一套表相关的统计报表和填报要求,如实、及时完成统计数据填报工作,并打印留存统计报表。

(二)统计调查过程中的法律责任

1. 作为统计调查对象的国家机关、企业事业单位或者其他组织有下列行为之一的,由县级以上人民政府统计机构责令改正,给予警告,可以予以通报;其直接负责的主管人员和其他直接责任人员属于国家工作人员的,由任免机关或者监察机关依法给予处分:

(1)拒绝提供统计资料或者经催报后仍未按时提供统计资料的;

(2)提供不真实或者不完整统计资料的;

(3)拒绝答复或者不如实答复统计检查查询书的;

(4)拒绝、阻碍统计调查、统计检查的;

(5)转移、隐匿、篡改、毁弃或者拒绝提供原始记录和凭证、统计台账、统计调查表及其他相关证明和资料的。

企业事业单位或者其他组织有前款所列行为之一的,可以并处五万元以下的罚款;情节严重的,并处五万元以上二十万元以下的罚款。

个体工商户有本条第一款所列行为之一的,由县级以上人民政府统计机构责令改正,给予警告,可以并处一万元以下的罚款。

2. 作为统计调查对象的国家机关、企业事业单位或者其他组织迟报统计资料,或者未按照国家有关规定设置原始记录、统计台账的,由县级以上人民政府统计机构责令改正,给予警告。

企业事业单位或者其他组织有前款所列行为之一的,可以并处一万元以下的罚款。

个体工商户迟报统计资料的,由县级以上人民政府统计机构责令改正,给予警告,可以并处一千元以下的罚款。

3. 作为统计调查对象的个人在重大国情国力普查活动中拒绝、阻碍统计调查,或者提供不真实或者不完整的普查资料的,由县级以上人民政府统计机构责令改正,予以批评教育。

4. 违反《统计法》规定,利用虚假统计资料骗取荣誉称号、物质利益或者职务晋升的,除对其编造虚假统计资料或者要求他人编造虚假统计资料的行为依法追究法律责任外,由作出有关决定的单位或者其上级单位、监察机关取消其荣誉称号,追缴获得的物质利益,撤销晋升的职务。

5. 为确保一套表联网直报数据质量,国家统计局在企业联网直报数据上报后,结合各地的数据质量和"一企多址、一址多企"信息,对联网直报数据质量进行专项核查。建立统计违法案件公开曝光制度,对企业联网直报中的弄虚作假行为,发现一起、查处一起、曝光一起。还将建立统计失信企业名单档案,记录企业违法违规信息,并会同有关部门,将统计失信企业名单纳入企业征信系统。

(三)企业一套表联网直报"四条红线"

为保证企业一套表联网直报数据质量,国家统计局提出联网直报"四条红线",要求各级统计机构和统计调查对象必须严格恪守。"四条红线"是确保国家获取企业真实准确原始数据的根本保障,是任何机构和人员都不能逾越的高压线。其具体内容是指:

一是严格执行"先进库、再有数","不在库、不出数",确保基本单位名录库信息的真实准确。基本单位名录库是确保源头统计数据真实准确的重要前提。名录库中的单位不真实,其上报的数据当然是虚假的统计数据,如虚构的企业入库或已注销但未出库的企业仍在上报产值、收入、能源等统计数据,必然会影响当地相关统计数据整体的真实性。因此,在企业一套表联网直报工作中,要确保源头统计数据真实准确,必须先确保上报统计数据的基本单位是真实准确的,不真实的基本单位不得纳入名录库,未纳入名录库的基本单位不得上报统计数据。为此,国家统计局印发《关于加强和完善企业一套表调查单位审核确认工作的通知》(国统字〔2013〕12 号,详见附录一),要求各级名录库主管机构和各专业机构都要有专人负责,严格把关,确保企业一套表调查单位数据质量,坚决杜绝将虚假不实单位或不符合标准的单位纳入调查单位库。

二是坚持由企业独立报送真实的统计数据。独立报送真实的统计数据是统计法律法规赋予企业的法定权利,是确保源头数据准确的重要保障。如果企业按照他人制定的数据报数,统计数据就成了被人任意左右的工具,统计工作也就失去了根本意义。因此,绝不允许任何单位以任何名义强令授意企业按指定的数据报数,或者要求企业网报之前将有关数据送统计部门或其他部门审定。

为此,国家统计局专门印发《关于立即制止干扰企业一套表联网直报工作的紧急通知》(国统办字〔2012〕41 号),要求各地全面清理本地区有关企业一套表联网直报工作的文件和规定,对其中违反统计法律法规和不符合国家统计制度的,涉嫌干预企业独立真实上报统计数据的,要立即予以废止;要加强对企业一套表联网直报工作的监督核查,坚决查处和曝光各种干预企业独立真实上报统计数据的违法违规行为;要对涉嫌干预企业独立真实上报统计数据的政府文件和规定的自查工作情况报国家统计局,从而确保企业真实独立报送数据权利不受侵犯。国家统计局与国家发展和改革委员会、工业和信息化部、住房城乡建设部、商务部联合发出《关于做好企业一套表联网直报工作保障统计数据质量的通知》(国统字〔2012〕38 号),要求各级统计部门要会同发展改革部门、工业和信息化主管部门、建委(建交委)和商务主管部门全面清理本地区、本部门有关企业一套表联网直报工作的文件和规定,对其中违反统计法律法规,涉嫌干预企业独立真实上报统计数据的,要立即予以废止。同时,各级统计部门要加强对企业一套表联网直报工作的监督核查,对于违法代填代报、干预企业真实独立上报,以及企业不抵制甚至迎合个别地方和部门需要、提供不真实统计资料的,坚决依照统计法律法规进行严肃查处。

三是坚持由企业自己上报联网直报数据,绝不允许统计机构及统计人员代填代报除军工企业以外的企业数据,确保每张调查表中的每项指标都是企业统计人员自己填报。按照联网直报工作的要求,企业应当凭各自的用户名及密码,自行通过联网直报平台上报统计数据,从而确保其上报的统计数据不被人篡改。基层统计机构和统计人员的主要职责,是监督企业及时提供准确、完整的统计数据,督促企业完善统计工作条件,而并没有代填代报企业数据的权限(军工等保密企业除外)。

为确保企业一套表数据真实可信,有效防止干预企业独立上报统计数据的行为,国家统计局印发《关于坚决落实和维护企业独立真实报告权确保企业联网直报数据质量的通知》(国统字〔2012〕12 号),明确企业独立真实填报数据是统计法的神圣要求,是“四大工程”建设质量的关键。各级政府、各级统计机构和所有统计工作者都必须依照统计法要求,尊重和保障企业独立上报数据的合法权益,任何人不得以任何方式干扰企业独立真实上报数据，不得以任何方式要求企业提供不真实的统计资料，不得代替企业上报数据。同时，各级统计机构要积极利用多种方式做好企业依法统计的宣传工作，告知企业独立真实报送统计资料，是企业的法定义务，更是企业的法定权利，增强企业的统计法律意识，支持企业利用法律武器自觉、主动抵制各种干扰。

四是坚持由企业修改差错或补填不完整报表的原始数据，绝不允许统计机构及统计人员自行修改企业任何数据，确保每张调查表中的每项修改都是企业统计人员自己完成的。与第三条红线的规定一样，代填代报和代修改都是对企业独立报送权的侵害，都有可能为他人利用，冒代填代报之名，行编造、篡改统计数据之实。

《关于坚决落实和维护企业独立真实报告权确保企业联网直报数据质量的通知》（国统字〔2012〕12 号）中明确规定任何人不得以任何方式违反规定自行修改企业原始数据。

四、依法管理和公布统计资料

（一）统计资料共享和管理

1. 县级以上人民政府统计机构和有关部门以及乡、镇人民政府，应当按照国家有关规定建立统计资料的保存、管理制度，建立健全统计信息共享机制。

2. 国家机关、企业事业单位和其他组织等统计调查对象，应当按照国家有关规定设置原始记录、统计台账，建立健全统计资料的审核、签署、交接、归档等管理制度。

统计资料的审核、签署人员应当对其审核、签署的统计资料的真实性、准确性和完整性负责。

3. 县级以上人民政府有关部门应当及时向本级人民政府统计机构提供统计所需的行政记录资料和国民经济核算所需的财务资料、财政资料及其他资料，并按照统计调查制度的规定及时向本级人民政府统计机构报送其组织实施统计调查取得的有关资料。

县级以上人民政府统计机构应当及时向本级人民政府有关部门提供有关统计资料。

（二）统计资料公布和查询

1. 县级以上人民政府统计机构按照国家有关规定，定期公布统计资料。国家统计数据以国家统计局公布的数据为准。

2. 县级以上人民政府有关部门统计调查取得的统计资料，由本部门按照国家有关规定公布。

3. 统计调查中获得的能够识别或者推断单个统计调查对象身份的资料，任何单位和个人不得对外提供、泄露，不得用于统计以外的目的。

4. 县级以上人民政府统计机构和有关部门统计调查取得的统计资料，除依法应当保密的外，应当及时公开，供社会公众查询。

（三）统计资料管理中的法律责任

县级以上人民政府统计机构或者有关部门有下列行为之一的，对直接负责的主管人员和其他直接责任人员由任免机关或者监察机关依法给予处分：

1. 违法公布统计资料的；

2. 泄露统计调查对象的商业秘密、个人信息或者提供、泄露在统计调查中获得的能够识别或者推断单个统计调查对象身份的资料的；

3. 违反国家有关规定，造成统计资料毁损、灭失的。

统计人员有前款所列行为之一的，依法给予处分。

第二节　联网直报统计违法行为和统计法律责任

统计违法行为是行为人在统计活动中违反统计法和统计制度的规定，对统计法所保护的社会关系形成侵害的行为。统计法律责任是统计违法行为人因其统计违法行为而应承担的惩罚性法律后果。

一、主要统计违法行为的种类

（一）自行修改统计资料、编造虚假数据

在联网直报过程中，如果地方、部门或企业、事业单位、社会团体的领导人员，特别是统计机构的领导人员，违反“四条红线”的规定，自行编造虚假企业纳入统计，代填其他企业（军工等保密企业除外）的统计报表或者自行修改、补填其他企业（军工等保密企业除外）的统计报表，构成此项统计违法行为。

（二）强令、授意本地区、本部门、本单位统计机构、统计人员或者其他有关机构、人员拒报、虚报、瞒报或者篡改统计资料、编造虚假数据

在联网直报过程中，如果地方、部门或企业、事业单位、社会团体的领导人员，包括某些业务主管部门的领导人员，违反“四条红线”的规定，强令授意企业按其指定的数据进行联网直报或按其授意填报不符合企业真实情况的统计数据，强令授意有关人员篡改、编造其他单位的统计数据，构成此项统计违法行为。

（三）对拒绝、抵制篡改统计资料或者对拒绝、抵制编造虚假数据的人员进行打击报复

在联网直报过程中，如果地方、部门或企业、事业单位、社会团体的人员，特别是地方政府及其有关部门的领导人员，对拒绝、抵制篡改统计资料或者对拒绝、抵制编造虚假数据的人员进行打击报复，构成此项统计违法行为。

（四）对揭发、检举统计违法违纪行为的人员进行打击报复

在联网直报过程中，如果地方、部门或企业、事业单位、社会团体的人员，特别是地方政府及其有关部门的领导人员，对揭发、检举统计违法违纪行为的人员进行打击报复，构成此项统计违法行为。

检举统计违法违纪行为，是统计法赋予社会公众的权利，是保障联网直报顺利开展的重要途径。一直以来，国家统计局高度重视保障社会公众监督的权利，采用多种方式为群众举报统计违法违纪行为提供便利。国家统计局官方网站和国家统计局联网直报门户网站均公布了统计违法违纪行为的举报电话(010－68512113)和举报电子信箱(fgjc@stats.gov.cn)。国家统计局还成立了统计违法举报受理中心，专门受理人民群众对统计违法违纪行为的揭发举报，通讯地址是北京市西城区月坛南街57号。

(五)对本地区、本部门、本单位的严重统计违法行为失察

根据《统计违法违纪行为处分规定》第四条的规定，对联网直报统计数据出现严重失实，造成不良后果的地方、部门以及企业、事业单位、社会团体，即使该地方政府、部门、企事业单位、社会团体的领导人员未对统计数据进行干预，但对统计数据失实的情况应当发现而未发现或者发现后不予纠正的，构成此项统计违法行为。

(六)拒绝提供统计资料或者经催报后仍未按时提供统计资料

及时提供统计数据是统计调查对象的法律义务。在联网直报过程中，如果联网直报单位表示拒绝提供统计数据或经统计机构催报后仍未在规定期限内补报，则构成此项统计违法行为。统计机构可以采用多种方式催报，如电话催报、短信催报、网络催报、纸质文书催报等，不同的催报方式，效力相同。

(七)提供不真实或者不完整的统计资料

提供真实、准确、完整的统计数据也是统计调查对象的法律义务。在联网直报过程中，如果联网直报单位提供的统计数据不符合企业自身的真实情况，或者某些统计指标应填而未填，均构成此项统计违法行为。

(八)迟报统计资料

在联网直报过程中，联网直报单位晚于报送期限上报统计资料的，构成此项统计违法行为。实际操作中，报表报送期限届满后，联网直报单位将无法自行在联网直报平台上报送该项报表，单位向有关统计机构申请补报并完成报送的，属于迟报统计资料。

(九)未按照国家有关规定设置原始记录、统计台账

统计原始记录和统计台帐是重要的统计基础资料，是填报统计报表的重要依据。联网直报单位应当按照有关规章、统计调查制度的要求，结合自身情况，设置真实、准确、完整的原始记录和统计台帐。

二、统计法律责任

根据《统计法》的规定，统计法律责任可以分为统计行政法律责任和统计刑事法律责任。统计行政法律责任又可分为行政处分和统计行政处罚两种形式。

(一)行政处分

行政处分是指监察机关或任免机关对国家机关、企事业单位所属的国家工作人员尚不构成犯罪的违法失职行为,依据法律、法规所规定的权限而给予的一种惩罚性法律后果。行政处分种类有:警告、记过、记大过、降级、撤职、开除等六种。

根据《行政机关公务员处分条例》第七条和第八条的规定,行政机关公务员受处分的期间为:警告,6个月;记过,12个月;记大过,18个月;降级、撤职,24个月。在受处分期间不得晋升职务和级别,其中,受记过、记大过、降级、撤职处分的,不得晋升工资档次;受撤职处分的,应当按照规定降低级别。

2009年,监察部、人力资源和社会保障部、国家统计局三部门联合颁布《统计违法违纪行为处分规定》,对国家工作人员作出的各类统计违法违纪行为所应受到的处分作出了较为详细的规定。结合上文涉及的统计违法行为,按违法主体列出相应处分规定:

地方、部门以及企业、事业单位、社会团体的领导人员。对这些人员的统计违法违纪行为,根据情节轻重,分别给予记过、记大过、降级、撤职处分直至开除。这些行为包括:自行修改统计资料、编造虚假数据的;强令、授意本地区、本部门、本单位统计机构、统计人员或者其他有关机构、人员拒报、虚报、瞒报或者篡改统计资料、编造虚假数据的;对拒绝、抵制篡改统计资料或者对拒绝、抵制编造虚假数据的人员进行打击报复的;对揭发、检举统计违法违纪行为的人员进行打击报复的。

这些人员对本地区、本部门、本单位严重失实的统计数据,应当发现而未发现或者发现后不予纠正,造成不良后果的,给予警告或者记过处分;造成严重后果的,给予记大过或者降级处分;造成特别严重后果的,给予撤职或者开除处分。

各级人民政府统计机构、有关部门及其工作人员。对这些人员在实施统计调查活动中的统计违法行为,根据情节轻重,给予记过、记大过处分、降级、撤职处分直至开除。这些行为包括:强令、授意统计调查对象虚报、瞒报或者伪造、篡改统计资料的;参与篡改统计资料、编造虚假数据的。

统计调查对象中的单位有关责任人员。这些单位有统计违法违纪行为的,根据情节轻重,对有关责任人给予警告、记过、记大过、降级、撤职处分直至开除。这些行为包括:虚报、瞒报统计资料;伪造、篡改统计资料;拒报或者屡次迟报统计资料;拒绝提供情况、提供虚假情况或者转移、隐匿、毁弃原始统计记录、统计台账、统计报表以及与统计有关的其他资料。

(二)行政处罚

行政处罚是指具有行政处罚权的行政主体为维护公共利益和社会秩序,保护公民、法人或其他组织的合法权益,依法对行政相对人违反行政法律法规而尚未构成犯罪的行为所实施的法律制裁。

根据《行政处罚法》第八条的规定，行政处罚的种类有：警告、罚款、没收违法所得、没收非法财物、责令停产停业、暂扣或者吊销许可证、暂扣或者吊销执照、行政拘留、法律和行政法规规定的其他行政处罚等7类。根据《统计法》规定，针对统计违法行为作出的行政处罚种类包括警告、罚款、没收违法所得等3类。结合上文涉及的统计违法行为，按违法主体列出相应行政处罚规定：

作为统计调查对象的国家机关、企业事业单位或者其他组织。对这些单位的统计违法行为，由县级以上人民政府统计机构责令改正，给予警告，可以予以通报；其直接负责的主管人员和其他直接责任人员属于国家工作人员的，由任免机关或者监察机关依法给予处分。这些统计违法行为包括：拒绝提供统计资料或者经催报后仍未按时提供统计资料；提供不真实或者不完整的统计资料；拒绝答复或者不如实答复统计检查查询书；拒绝、阻碍统计调查、统计检查；转移、隐匿、篡改、毁弃或者拒绝提供原始记录和凭证、统计台账、统计调查表及其他相关证明和资料。企业事业单位或者其他组织有上述行为之一的，可以并处五万元以下的罚款；情节严重的，并处五万元以上二十万元以下的罚款。个体工商户有上述行为之一的，由县级以上人民政府统计机构责令改正，给予警告，可以并处一万元以下的罚款。

作为统计调查对象的国家机关、企业事业单位或者其他组织迟报统计资料，或者未按照国家有关规定设置原始记录、统计台账的，由县级以上人民政府统计机构责令改正，给予警告。企业事业单位或者其他组织有所列行为之一的，可以并处一万元以下的罚款。个体工商户迟报统计资料的，由县级以上人民政府统计机构责令改正，给予警告，可以并处一千元以下的罚款。

三、统计机构的处分建议权

《统计法》赋予了统计机构对统计违法违纪责任人的处分建议权。根据《统计法》第四十三条的规定，县级以上人民政府统计机构查处联网直报统计违法行为时，认为对有关国家工作人员依法应当给予处分的，应当提出给予处分的建议；该国家工作人员的任免机关或者监察机关应当依法及时作出决定，并将结果书面通知县级以上人民政府统计机构。

第三节　以案说法

案例一

【主要案情】2012年4月，国家统计局根据群众举报，派出检查组对某县企业一套表联网直报工作进行了统计执法检查。在检查过程中，检查组查阅了当地政府和部门制发的有关文件及有关统计报表，抽查了部分工业企业的统计数据质量，对有关人员进行了询问。检查发现，当地企业一套表联网直报工作存在严重的代填代报问题，数据质量严重失实。

县政府下发的有关文件涉嫌干预企业独立真实上报统计数据。2011 年，县政府在组织推进企业一套表联网直报工作过程中下发文件，在要求相关部门分工负责企业一套表联网直报工作的同时，规定网上直报单位在开展网上直报前必须会同统计、发展改革、工信、住建、商务等部门，对所报数据进行联审，经审核同意后再行上报。这样的文件对企业网报工作设置事先审核，涉嫌违反统计法和企业一套表联网直报制度的有关规定，为干预企业独立真实上报统计数据埋下了隐患。

县工业办、经贸办代报问题严重。在该县下辖的 14 个乡镇中，检查证实至少有 7 个乡镇存在代报问题。全县 79 家联网直报工业企业，真正实现联网直报的企业只有 17 家，其余 62 家企业都是由所在乡镇工业办或经贸办代报。

被代报的企业统计数据严重失实。检查组共抽查该县规模以上工业企业 28 家，其中被代报的企业 24 家，自行上报的企业 4 家。从检查核实的 2011 年年报和 2012 年 3 月月报工业总产值数据看，被代报企业的统计数据严重失实且均为虚报，工业总产值指标的差错额最高的达到 4.9 亿元，差错率最高的达到 497 倍。自行上报的 4 家企业也存在一定的数据差错，但虚报瞒报均存在，且差错率均低于 20%。

【处理情况】为了维护统计法律法规和联网直报有关规定的权威和尊严，充分发挥此案的教育警示作用，当地有关部门依法依规对负有责任的相关人员作出了相应处理决定：

鉴于该县分管统计工作的副县长对下属部门干预企业独立真实上报统计数据，当地统计数据严重失实等重大统计违法行为，应当发现而未发现或发现后不予纠正，对分管的工作失察，负有领导责任。根据《统计违法违纪行为处分规定》第四条，决定给予警告处分；

鉴于该县经济局、统计局、乡镇工业办、乡镇经贸办有关人员对其所在部门干预企业独立真实上报统计数据，当地统计数据严重失实等重大统计违法行为负有直接责任，决定给予县经济局局长党内严重警告处分、给予统计局局长诫勉谈话处理并免职调离、给予经济局副局长记大过处分、给予经济局科长记过处分、给予某镇工业办主任党内严重警告处分、给予某乡经贸办主任党内严重警告处分并调离岗位。

案例二

【主要案情】2012 年 6 月，国家统计局根据群众举报，派出检查组对某市房地产专业联网直报情况进行统计执法检查。在为期一周的检查过程中，检查组查阅了当地政府和部门制发的有关文件及有关统计报表，抽查了部分房地产项目的统计数据质量。

检查发现，当地房地产专业联网直报工作存在三大问题。

问题之一，联网直报工作开展以后，当地住建局向有关房地产企业下发文件，下达各企业2012年投资完成额的目标任务，同时要求各企业在每份统计报表联网直报之前送交该局审核，通过后才能上网报送，逾期不报或不完成目标任务的单位，将追究责任。

问题之二，当地多家联网直报房地产企业称，本单位每月主要统计指标的数据均由市住建局工作人员通过网络、电话等方式下达，要求必须按照下达的数据上报。

问题之三，房地产业统计数据严重失实，特别是有关投资完成额指标严重虚报。检查发现，仅抽查的13个项目共上报2012年1—4月投资完成额10.7亿元，初步核查为2.3亿元，虚报8.4亿元，虚报3.56倍，虚报部分占全市上报投资完成额的40.4%。

该市住建局下发文件、编造数据，胁迫有关企业在联网直报中上报虚假统计数据，违反统计法和国家统计局企业一套表联网直报制度的有关规定，严重侵犯企业独立真实上报统计数据的权利，严重违背了联网直报"四条红线"的严肃要求。

【处理情况】为了维护统计法律法规和联网直报有关规定的权威和尊严，充分发挥此案的教育警示作用，当地有关部门依法依规对负有责任的相关人员作出了行政处分决定：

鉴于该市分管统计工作的副市长对下属部门干预企业独立真实上报统计数据，当地统计数据严重失实等重大统计违法行为，应当发现而未发现或发现后不予纠正，对分管的工作失察，负有领导责任。根据《统计违法违纪行为处分规定》第四条，决定给予行政记过处分；

鉴于该市住建局局长、副局长、直接责任人对市住建局干预企业独立真实上报统计数据，弄虚作假均负有责任，决定分别给予该市住建局局长、分管副局长、直接责任人员行政警告处分。

案例三

【主要案情】2012年，北京市某区统计局对辖区内某限额以上贸易企业进行统计执法检查。检查发现，该企业2012年应交增值税指标与商品销售总额指标不匹配。经进一步检查发现，应交增值税指标应为35293千元，而其上报数只有5129千元，相差30164千元。该企业统计人员称，出现错误的原因是其主观地认为统计口径应和税务口径一样，只需要报送本地企业的数据，从而漏报4家外地产业活动单位的应交增值税数据。

按照企业一套表统计调查制度规定，限额以上批发和零售企业应当严格执行"法人经营地"统计原则，即各法人单位按照实际经营地址向所在地政府统计机构报送统计报表，填报的数据应当将法人单位下属的所有产业活动单位数据包含在内。该企业统计人员未认真学习统计制度规定，仅靠自己的主管臆测填报统计报表，造成统计数据出现重大差错。

【处理情况】该公司的上述行为，违反《中华人民共和国统计法》的有关规定，构成了提供不真实统计资料的统计违法行为。根据《中华人民共和国统计法》第四十一条第一款第（二）项和第二款的规定，决定给予该公司警告，并处以15000元罚款的处罚。同时，责令该公司按照国家统计法律法规和统计制度的要求，对在统计工作中存在的问题进行认真整改。

案例四

【主要案情】2012年6月，某省统计局统计业务部门在工作中发现，某房地产开发有限公司上报统计数据异常，个别指标数额特别巨大，该公司在2012年2月至4月上报的某项目《房地产开发项目经营情况》统计报表中，“计划总投资”指标填报为28亿元，疑与事实不符。接到反映后，省统计局统计执法总队前往该公司进行执法检查。

为查清情况，执法人员对该公司开发的上述项目进行了实地调查。该公司所实施项目已基本完工，各市场主体（商铺）已陆续入住并开业经营，但该项目无论用地面积，还是建设规模均与28亿巨资相去甚远。为进一步查清该项目实际情况，执法人员向有关部门进行了调查。调查发现，在有关部门出具的批复文件中，批准该项目的总投资仅为1.2亿元。同时还查明，该公司2012年1月至6月上报的《房地产开发项目经营情况》统计报表，“本年完成投资”上报数为14570万元，经检查核实为4097万元，相差10473万元。

检查过程中，该房地产开发有限公司多次提出申辩，强调下列原因：该项目填报的“计划总投资”，是按填报时的市场估值来计算的，实际投资也已多出当初的计划投资；公司如何填报“本年完成投资”等统计数据，是根据当地街道办事处领导要求进行的。省统计局认为：其一，统计报表中的每项指标都应该严格按照统计制度规定进行填报，不能自行随意理解、随意填报。其二，“计划总投资”、“本年完成投资”等指标严重失实，差错额和差错率巨大；其三，所谓“领导授意”的问题，调查中公司有关人员不能具体指认，未提供相关证据，不能作为免责依据。

【处理情况】该公司的上述行为，违反《中华人民共和国统计法》的有关规定，构成了提供不真实统计资料的统计违法行为。根据《中华人民共和国统计法》第四十一条第一款第（二）项和第二款的规定，决定给予该公司警告，并处以80000元罚款的处罚。同时，责令该公司按照国家统计法律法规和统计制度的要求，对在统计工作中存在的问题进行认真整改。

第七章　答疑解惑

在企业一套表联网直报研究准备及组织实施过程中，根据各地各专业反映的情况，国家统计局组织对相关问题进行了专门研究，并先后下发了多期问题解答，内容涉及制度设计、调查单位管理、软件应用及专业数据采集和处理等多方面。现将主要问题摘编如下，供实际工作中参考。

第一节　制度设计和业务流程管理

问题一、企业一套表报表表号是如何编制的？

答：企业一套表报表分为基层表、综合表和汇总表三种表式。根据统一设计、规范管理《企业一套表统计调查制度》的要求，国家统计局统一制定企业一套表报表编码规则，省级统计机构可参照编码规则，编制地方增加的报表表号（具体编制方法详见附录二）。

问题二、企业一套表主要元数据代码是如何编制的？

答：为统一设计、规范管理企业一套表指标、分组和目录，国家统计局制定了《企业一套表主要元数据代码编制规则》，在企业一套表数据处理采集软件中应用。企业一套表主要元数据代码编制时按基层表、综合表和汇总表三种报表类别，分别由国家统计局和省级统计机构编制本级管理的指标、分组和目录等主要元数据代码（编码规则详见附录三）。要求注意以下问题：

（一）凡是国家已有的指标、分组和目录，省级统计机构可直接使用。

（二）省及省以下新增加的调查内容，经国家审批后，要求按照主要元数据代码编制规则，由省级统计机构设计管理部门对地方增加的指标、分组和目录编制代码。

问题三、如何对统计元数据进行维护与管理？

答：元数据原则上在每年的年定报制度修订时集中维护一次，与审批通过的统计调查制度修订内容严格对应。审批通过的元数据，在报表定制、数据采集、分析汇总等环节中必须严格执行，不得擅自变更。

具体流程如下：专业司根据审批通过的制度修订内容对新增或修改的报表、指标、分组、目录等元数据的相关属性进行整理，通过 OA 提交给设管司进行规范和审批。审批通过后由设管司相应补充元数据的状态、版本和编码等属性，并将完整的元数据维护内容通过 OA 反馈给专业司，同时提交给数管中心协助专业司在软件平台上定制各种报表。审批未通过的元数据内容退回至专业司，修改后再次提交。

问题四、如何对统计指标进行命名？

答：统计指标命名应符合下列规范要求：

（一）指标名称应能够准确、抽象地概括出指标概念所反映的本质特征。

（二）指标名称中应尽量避免包含调查时点、调查时期等时间信息。

（三）指标解释文字表述相同的，指标命名应一致。

（四）指标解释文字表述不同，但解释的是相同指标概念的，指标命名和解释应一致。

（五）解释不同的指标概念应赋予不同的指标名称。

问题五、如何编写统计指标解释？

答：统计指标解释一般由内涵定义、外延定义、计算方法、资料来源和填报说明五个要素构成。指标解释的编写应符合下列要求：

（一）阐述指标概念的基本涵义，要阐述其概念是什么，而不是仅阐述其概念不是什么。

（二）用描述性语句阐述，应简练、准确而无歧义。

（三）表述中避免包括其他基本概念的定义，避免使用不易理解的缩略语，且避免循环定义。

具体编写指标解释时，应本着便于理解、准确填报的原则，根据指标的实际情况选择指标解释构成要素规范编写。

问题六、调查单位基本情况、从业人员及工资总额和信息化情况等通用表如何组织实施，各专业如何分工？

答：根据2012年国家统计局第7次局常务会议的决定，《法人单位基本情况》（101－1表）、《产业活动单位基本情况》（101－2表）、《从业人员及工资总额》（102－1表、202－1表）、《信息化情况》（109表）等年定报通用表，由设计管理部门牵头，会同各有关专业做好网上统一布置工作，即上述报表随工业、建筑业、批发和零售业、住宿和餐饮业、房地产开发经营业、重点服务业等各行业报表进行平台布置；在数据采集阶段，相关各级工业、投资、贸易和服务业统计专业负责报表催报；名录库管理、劳动工资统计和服务业统计专业分别牵头负责单位基本情况、从业人员及工资总额和信息化情况等报表的业务培训以及数据处理阶段的审核验收、返回调查单位查询修改、加工汇总等工作，相关单位通力配合。

问题七、专业在数据采集处理平台上调整业务需求应如何处理？

答：为保证制度方法规范统一，方便调查单位填报和统计数据稳定可比，年定报制度修订期间研究确定的统计范围、调查单位、调查内容、审核规则等业务需求原则上不得变更。如确实存在错误或遗漏，对统计数据产生较大影响，专业司（中心）需提出申请，经司级领导签字后提交设管司，设管司会同普查中心、数管中心和相关单位进行初审，必要时牵头组织召开专题会或专家会进行研究论证，形成初审意见。专业司（中心）根据初审意见修改完善业务需求内容，提交设管司复审。设管司出具审核意见，必要时报分管局领导审批。经审批同意的，由设管司转至普查中心或数管中心，经审核不同意的，说明原因并退回申请单位。

问题八、企业一套表联网直报是如何统一管理年定报报表时间的？

答：《企业一套表统计调查制度》统一规范了年定报调查单位上报截止时间和省级统计机构验收截止时间。

2012 年年报和 2013 年定报的具体要求是：

（一）联网直报系统开网时间

年报，2013 年 1 月 20 日 0 时；定报，财务状况和重点服务业月（季）后 8 日 0 时，其他报表月（季）末 27 日 0 时（2 月为 25 日 0 时）。

（二）调查单位上报截止时间和省级统计机构验收截止时间

年报，调查单位上报截止时间 2013 年 2 月 28 日 24 时；省级统计机构验收截止时间 2013 年 4 月 15 日 24 时；定报，适当考虑国家法定节假日放假安排，对各报告期调查单位上报截止时间和省级统计机构验收截止时间进行了统一规范（具体要求详见《企业一套表统计调查制度》分行业报表）。

（三）调查单位补报基层表的处理方式

《企业一套表统计调查制度》取消了 2012 年年报和 2013 年定报调查单位的补报时间，对由于特殊原因未能按时填报基层表的，采取下述处理方式：上报截止时间后至省级统计机构验收截止时间前，调查单位可以通过企业一套表联网直报系统、电话联系等方式提出补报申请，省级统计机构审核同意后向调查单位开放上报权限，并通过系统自动反馈或其他方式告知调查单位，调查单位即可补报基层表，系统自动记录为“迟报”。

以后年度将在此基础上根据国家法定节假日的时间安排做适当调整。

问题九、省级以下统计机构是否可以调整国家统计局制定并在数据采集处理应用环境中定制的基层表管理时间？

答：省级以下统计机构不能调整国家统计局依据《企业一套表统计调查制度》制定并在数据采集处理应用环境中定制的基层表管理时间（包括调查单位填报开网时间、填报截止时间，省级统计机构验收截止时间等），但需要据此定制地市级和县级统计机构审核验收截止时间。

问题十、使用国家统一节点的省级统计机构，地方增加的调查内容由国家统计局，还是由省级统计机构加载到国家数据采集处理应用环境中？

答：使用国家统一节点的省级统计机构，地方增加的调查内容由省级统计机构自行加载到国家数据采集处理应用环境中。国家统计局届时将对各级统计机构开放元数据库，省级统计机构可以进行制度再设计。

第二节 调查单位确定和管理维护

问题十一、如何编制“统计管理机构名称及代码”？

答：根据实施企业一套表统计机构管理调查单位的需要，在国家统计局企业一套表数据采集处理应用环境中设置“统计管理机构名称及代码”，以此分配统计机构管理调查单位的权限，解决各地对“直管单位”、“开发区”和“农垦（兵团）”等特殊管理的需要。“统计管理机构名称及代码”实行分级管理，具体工作由省及省以下统计机构名录库管理部门负责组织实施（具体编码办法详见附录四）。

问题十二、有资质的建筑业法人单位如何确定统计管理机构？

答：依据《统计单位划分及具体处理办法》第十二条“建筑业企业的法人单位按照注册地统计”的规定，有资质的建筑业法人单位由法人注册地所属的统计机构负责管理。

问题十三、调查单位主要业务活动（或主要产品）或省级辖区内生产经营地变更，如何修改“行业代码”和“区划代码”？

答：根据《企业一套表统计调查制度》规定，按以下方式处理：

（一）如果调查单位主要业务活动（或主要产品）发生变动，由调查单位根据具体变动情况修改年报“法人单位基本情况”（101－1表）和“产业活动单位基本情况”（101－2表）中的“103 行业类别”的“主要业务活动（或主要产品）”文字部分内容；“行业代码”由县级统计机构（或其他直接接受基层表的统计机构）按照《国民经济行业分类》（GB/T 4754－2011）进行核实填写，但不能跨“报表类别”修改“行业代码”。

（二）如果调查单位的生产经营地发生变更，由调查单位根据具体变动情况修改“105 单位所在地及区划”的单位地址文字部分；“区划代码”由县级统计机构（或其他直接接受基层表的统计机构）按照最新的《统计用区划代码》进行核实填写，但不能跨省（区、市）修改“区划代码”。

问题十四、事业单位能否纳入一套表联网直报？

答：根据《国家统计局办公室关于将从事一套表制度规定业务活动的事业单位纳入联网直报的通知》（国统办字〔2013〕33号）要求（具体内容详见附录五），符合以下条件的事业单位自2013年5月起纳入一套表联网直报：第一，符合《企业一套表统计调查制度》关于统计范围的规定，主要从事制度规定的业务活动；第二，符合《统计单位划分及具体处理办法》第四条和第五条（二）的有关规定；第三，实行企业化管理和执行企业会计制度，能够按照国家统计局调查制度要求，独立完整地报送有关统计数据。

问题十五、跨省的分支机构可否视同法人单位统计？如何进行审批管理？

答：根据《国家统计局办公室关于印发跨省分支机构视同法人单位统计审批管理办法的通知》（国统办字〔2013〕35号）要求（具体内容详见附录六），对符合《国家统计局关于印发统计单位划分及具体处理办法的通知》第十条规定的法人单位跨省分支机构（不包括第十三条规定的垂直管理单位的跨地区分支机构），按照经营地在地统计、独立完整报送所有统计数据和不重不漏的原则进行视同法人单位审批管理。由分支机构所在省（区、市）统计局向国家统计局提出申请并提供相应的申请材料，设管司负责组织相关单位对申请材料进行审核，并向申请单位反馈书面意见。经审批同意，将书面意见抄送该分支机构上级法人单位所在省（区、市）统计局。

问题十六、"法人单位基本情况"（101－1表、201－1表）和"产业活动单位基本情况"（101－2表）如何设置专业标识？

答：根据《企业一套表统计调查制度》专业基层表统计范围的规定，国家统计局在"法人单位基本情况"（101－1表、201－1表）和"产业活动单位基本情况"（101－2表）中设置了专业标识（各级统计机构可以查询），作为分配有特殊规定的基层表的依据。省级统计机构对国家统计局已设置的专业标识不得修改、删除，但可以自行增加本地区使用的专业标识。

问题十七、省级统计机构扩大行业统计范围，增加的调查单位及基本情况数据、专业历史数据由哪级负责整理和提供？

答：省级统计机构扩大行业统计范围，增加的调查单位及基本情况数据、专业历史数据，由省级统计机构负责整理和提供，并自行导入数据采集处理应用环境中。地方增加的调查单位不得与国家统计局确定的调查单位重名重码。

第三节　数据采集和处理

问题十八、调查单位如何处理不同种类的审核错误信息提示？

答：调查单位在对基层表进行审核或提交时，如果出现审核错误信息提示，首先请点击指标错误信息（迅速定位出错的指标数据），然后再根据审核错误的类型进行区别处理。审核错误信息分为四类，具体说明如下：

A类：强制性逻辑审核。表明指标数据存在必须修改的逻辑错误，调查单位必须修订填报数据，直至本条审核通过为止。

B类：准强制性逻辑审核。表明指标数据虽然存在逻辑错误，但调查单位经过核实并确认指标数据填报确实无误，不需要修订数据。调查单位需要联系县级统计机构（或其他直接接受基层表的统计机构），申请将该条审核解锁，解锁后填写情况说明，即可提交基层表。

C类:核实性审核。表明指标数据需要进行核实并确认,如数据无误,调查单位需要填写情况说明,即可提交基层表。

D类:提示性审核。表明指标数据可能存在错误,调查单位核实确认无误,可以直接提交基层表,不需要填写情况说明。

问题十九、"产业活动单位基本情况"(101－2表)如何填报?

答:第一,根据《企业一套表统计调查制度》规定,产业活动单位的经济活动数据由所属法人单位负责填报;第二,国家统计局将纳入企业一套表法人单位所属的产业活动单位基本情况数据导入"产业活动单位基本情况"(101－2表)中,所有指标设置为可编辑(包括"通用基本信息一");第三,法人单位根据所属产业活动单位的具体情况,调整已导入的数据;第四,为了更准确的反映产业活动单位的增减变动情况,法人单位可以添加新增的产业活动单位,并填报数据;第五,法人单位可以删除已不存在的产业活动单位。

问题二十、调查单位生产(销售)的产品(商品)不在填报目录中,如何填报基层表?

答:调查单位在报告期生产(销售)的产品(商品)不在填报目录中也必须提交相应空表,如果空表有不能通过的审核,还需要填写情况说明。如2011年年报工业"主要工业产品生产能力"(B104－3表)、建筑业"房屋竣工面积及价值"(C104－2表),2012年定报工业"主要工业产品销售、库存、订货"(B204－2表)、建筑业"房屋竣工面积及价值"(C204－2表)、批发和零售业"重要商品购进、销售和库存"(E204－2表)、工业能源"能源购进、消费与库存附表"(205－2表),制度要求按照填报目录规定的内容填报,若生产(销售)的产品(商品)均不在填报目录中,则直接点击"上报"提交空表(如不点击"上报"则会被视为漏报),如果审核不通过,请填写"本单位不生产(销售)填报目录中包含的产品(商品),情况属实"。

问题二十一、按规定"不允许网报单位"如何报送基层表数据?

答:"不允许网报单位"可采取以下方式报送基层表数据:

(一)由省级统计机构确定"不允许网报单位"名单和管理调查单位的统计机构,并在联网直报系统中关闭这部分调查单位的直报账户。

(二)省级统计机构根据《企业一套表统计调查制度》的规定,确定"不允许网报单位"基层表的上报方式和截止时间,并通知有关统计机构和调查单位。上报方式分为两种:

第一,"不允许网报单位"按规定的基层表上报方式和截止时间向统计机构报送纸介质报表,统计机构通过国家统计系统内网的数据采集处理应用环境进行基层数据录入、审核和提交;

第二,统计机构负责设置和提供数据采集处理应用环境,"不允许网报单位"通过国家统计系统内网自行进行基层数据录入、审核和提交。

问题二十二、找不到统计人员或报告期没有生产经营活动的调查单位基层表数据如何处理？

答:对找不到统计人员或报告期没有生产经营活动的调查单位，其基层表数据分两种情况处理：

（一）对找不到统计人员的调查单位:由直管统计机构在调查单位数据上报截止时间后即时摸清这部分调查单位不能上报基层表数据的具体原因，并在软件中勾选相应标识（当年关闭、当年破产、停业歇业、其他等）。直管统计机构勾选完标识后，系统自动提取上一个报告期“1－本月”或“1－本季”等“累计”类指标数据，并复制到当前报告期基层表中。

（二）对可以找到统计人员但没有生产经营活动的调查单位:由调查单位统计人员确认报告期确实没有生产经营活动，并在软件中勾选相应标识（停业歇业、其他等）。调查单位可以免报报告期生产经营情况表，软件自动提取上一个报告期“累计”类指标数据，并复制到当前报告期基层表中。调查单位基本情况、从业人员及工资总额、财务状况、能源和信息化情况等其他基层表必须填报。

问题二十三、发现基层表数据填报错误，如何进行修改？

答:原则上，调查单位基层表数据上报期间，如果发现调查单位基层表数据填报错误，应及时退回调查单位修改数据，审核通过后重新提交基层表，直至各级验收通过为止。不允许统计机构代调查单位修改基层表数据。

问题二十四、“法人单位基本情况”（101－1表）中的“单位规模”、“从业人员”和“企业主要经济指标”如何摘抄和计算？

答:根据《企业一套表统计调查制度》的规定，年报“法人单位基本情况”（101－1表）中“191 单位规模”、“192 从业人员”和“193 企业主要经济指标”等指标数据待相关专业基层表数据确认后由省级和国家统计局分别进行数据摘抄和计算。

（一）2013 年 4 月 15 日前，省级名录库管理部门统一进行数据摘抄、计算和审核，其他专业配合完成；基层表数据审核验收后由专业处（室）分别报送国家统计局相关专业司（中心）。

（二）省级验收截止时间后，国家统计局数据管理中心负责锁定企业一套表平台全部基层数据，国家统计局普查中心统一进行数据摘抄、计算，以便各专业进行数据审核查询。

（三）国家统计局各专业司（中心）进行审核验收和返回企业查询修改，基层数据验收确认后，普查中心对全部调查单位数据重新进行摘抄和计算，生成最终数据，供各级统计机构使用。

问题二十五、基层表中“上年同期”指标数据如何处理？

答:对工业、能源、批发和零售业、住宿和餐饮业、重点服务业等专业基层表中的

“上年同期”数据，分为两种情况处理：

（一）上年已在企业一套表调查单位库中的调查单位，各专业基层表中的“上年同期”数据统一由国家统计局在联网直报系统开网前通过数据采集处理软件自动复制并锁定，调查单位和各级统计机构均不得修改。

（二）当年新增的调查单位，根据实际情况自行填报“上年同期”数据。

问题二十六、已经关闭（破产）的调查单位及相关基层表数据如何处理？

答：当年已经关闭（破产）的企业一套表调查单位，由国家统计局各专业司和普查中心共同确定这部分调查单位的名单，相关基层数据按以下方式处理：

（一）当年年报：上述调查单位均纳入各专业年报统计范围，数据管理部门负责将这部分调查单位在年报库中设置为“停报”，关闭、破产前最终确认的报告期累计数据由国家统计局在年报开网前统一复制到年报基层表中，各级统计机构不得修改。

（二）下一年定报：分专业确定处理方式。

1. 有资质的建筑业、限额以上批发和零售业、限额以上住宿和餐饮业、房地产开发经营业和重点服务业的此类调查单位退出下一年定报统计范围。

2. 规模以上工业的此类调查单位纳入下一年定报统计范围，数据管理部门负责将这部分调查单位在定报库中设置为“停报”，在各报告期开网前将这些调查单位的历史数据以“上年同期”数的形式复制到定报各报告期的基层表中，满足数据审核、查询、汇总和导出等需求。

问题二十七、国家如何在数据采集处理平台定制报表？

答：根据国家统计局正式批准确定的各项国家统计调查制度，各专业司（中心）提出基层表（采集表）、过录表和汇总表的定制需求和详细的审核规则、汇总表式、汇总规则及相应的管理和使用级别等内容交数管中心审核。审核不通过的报表定制申请，由数管中心说明原因并返回申请单位修改。审核通过的定制申请，由数管中心统一组织相关软件公司进行报表定制。定制完成后，数管中心将报表部署到测试环境并通知申请单位进行报表测试。测试通过后，数管中心发布到生产环境，并给相关用户分配报表权限，通知申请单位使用。

问题二十八、如何在数据采集处理平台上分配和管理用户及权限？

答：各单位根据本单位数据采集处理任务要求，向数管中心提出用户和权限变更申请。提供申请人姓名、联系方式等信息，选择变更范围和类型，说明申请理由，并列出所涉及用户账号和权限的范围。若涉及跨专业权限申请，应当先征求相关单位意见。数管中心根据局内相关业务分工文件规定进行核准审批。审批通过的申请执行平台用户和权限变更操作并通知申请人。审批不通过的说明原因退回申请单位。

附录

附录一　国家统计局关于加强和完善企业一套表调查单位审核确认工作的通知

国统字〔2013〕12号

各省、自治区、直辖市统计局，新疆生产建设兵团统计局，国家统计局各调查总队：

为贯彻全国统计工作会议精神，巩固提高拓展“四大工程”成果，国家统计局决定进一步加强和完善企业一套表调查单位管理，现将有关事项通知如下：

一、自2013年4月份起，企业一套表调查单位季度审核改为月度审核。省级调查单位审核工作截止时间为每月10日。

二、国家统计局将把调查单位的初级审定权力分批下放到省级统计局，并负责最终核准入库。

三、各级统计局名录库主管机构主要负责对证照等申报材料是否齐全、规范，是否符合统计单位划分规定，是否重复申报等情况进行审核；各专业机构主要对申报的专业材料是否齐全、规范，行业小类划分是否准确，是否当年新建企业，是否达到限额（规模）统计标准等情况进行审核。

四、各地要按照《国家统计局办公室关于做好2012年年度和2013年季度调查单位增减变动审核确认工作的通知》（国统办字〔2012〕133号）中规定的季度审核的申报范围和审核材料要求进行月度审核（月度审核登记表见附件1，重点服务业调查单位增减变动审核要求见附件2）。

五、为提高审核工作的信息化水平，自4月份起，全面实行审核材料的电子化上报。各地要严格按照要求，将企业相关材料以电子扫描件、照片等电子形式导入软件系统，图片要求统一调整为正向且清晰可辨，图片大小不得超过1M，后缀名为.jpg；房地产企业施工合同可存储为.doc格式，大小不得超过16M。省级是否要求上报纸质材料留存备查，由各省自行确定。

六、建立调查单位数据质量评估体系。国家统计局将根据企业一套表调查单位的上报数据，结合部门相关资料，对各地区调查单位数据质量进行评估。根据评估结果，对数据质量较差的地区采用多种方法进行监督检查。调查单位数据质量评估体系将另行下发。

七、建立调查单位审核工作质量抽查制度。为加强对调查单位审核工作的考核力度，国家统计局制定企业一套表调查单位审核工作质量抽查办法（见附件3），采取每月抽查申报材料与不定期现场核查相结合的办法，对各地审核工作质量进行考核。

八、调查单位审核作为名录库管理的重要环节，是“四大工程”建设的基础性工作，应作为统计业务的一项常规工作，常抓不懈。按照职责分工，各级名录库主管机构和各专业机构都要有专人负责，严格把关，确保企业一套表调查单位数据质量，坚决杜绝将虚假不实单位或不符合标准的单位纳入调查单位库。

附件：1. 企业一套表调查单位月度审核登记表

2. 重点服务业调查单位增减变动审核要求

3. 国家统计局企业一套表调查单位审核工作质量抽查办法（试行）

附件 1

企业一套表调查单位月度审核登记表

<table>
<tr><th colspan="4">单位基本情况</th></tr>
<tr><td>单位类型 □
1. 法人单位
2. 产业活动单位</td><td colspan="2">审核类型 □
1. 新开业(投产)企业
2. 因改制、重新注册、合并或拆分产生的新企业
3. 因改制、重新注册、合并或拆分退出的原企业
4. 单位名称变更的企业</td><td>所属专业 □
1. 工业 2. 建筑业
3. 批发业 4. 零售业
5. 住宿业 6. 餐饮业
7. 房地产开发经营业
8. 服务业</td></tr>
<tr><td>组织机构代码</td><td></td><td>单位详细名称
(审核类型＝4 填变更前名称)</td><td></td></tr>
<tr><td>变更后单位详细名称
(审核类型＝4 填写)</td><td></td><td>投产(开业)时间
(审核类型＝1 或 2 填写)</td><td>年 月</td></tr>
<tr><td>所在地区划代码</td><td></td><td>注册地区划代码</td><td></td></tr>
<tr><td>主要业务活动</td><td></td><td>行业代码(2011)</td><td></td></tr>
<tr><td colspan="4">批发和零售业企业是否能填报《重要商品购进、销售和库存》(E204－2 表) 1. 是 0. 否 □</td></tr>
<tr><th colspan="4">新开业(投产)企业资料</th></tr>
<tr><td colspan="4">对相关材料进行勾选，如是其他，请填写。
新开业(投产)企业申报书 □ 基本情况表 □ 营业执照复印件 □ 税务登记证复印件 □
组织机构代码证复印件 □ 建筑业企业资质证书复印件 □
房地产开发经营企业资质证书复印件 □ 施工许可证(合同)复印件 □
发展改革委(或经贸委)对建设项目的批复(或备案)文件中带批复(或备案)“文号”页面的复印件□
最近 1 个月(季)的资产负债表复印件□ 最近 1 个月(季)的利润表复印件□
最近 1 个月的企业增值税纳税申报表及增值税纳税申报表附列材料(表 1) □
连续 3 个月的统计报表 □ 最近 1 个季度的统计报表 □ 项目开工现场照片 □
其他________________</td></tr>
</table>

续表

<table>
<tr><td colspan="3">因改制、重新注册、合并或拆分等发生变动企业资料</td></tr>
<tr><td colspan="3">对相关材料进行勾选，如是其他，请填写。
证明企业变动的有关文件复印件 □　新企业与原企业对应关系 □
原企业同期数如何处理的相关说明 □
新企业提供以下材料：
基本情况表□　营业执照复印件□　税务登记证复印件□　组织机构代码证复印件□
建筑业企业资质证书复印件□　房地产开发经营企业资质证书复印件 □
施工许可证(合同)复印件□　最近 1 个月的资产负债表复印件 □
最近 1 个月的利润表复印件□　最近 1 个月的增值税纳税申报表及附列材料(表 1) □
项目开工现场照片 □　其他________</td></tr>
<tr><td colspan="3">单位名称变更企业资料</td></tr>
<tr><td colspan="3">对相关材料进行勾选，如是其他，请填写。
营业执照复印件 □　反映名称变更的资料________</td></tr>
<tr><td>县级相关专业意见

(签字)　年　月　日</td><td>县级名录库主管机构意见

(签字)　年　月　日</td><td>县级名录库主管领导意见

(签字)　年　月　日</td></tr>
</table>

附件 2

重点服务业调查单位增减变动审核要求

按照《国家统计局办公室关于做好 2012 年年度和 2013 年季度调查单位增减变动审核确认工作的通知》要求，重点服务业企业自 2013 年 4 月份起纳入企业一套表调查单位统一管理，按以下要求进行月度增减变动审核：

一、新开业的重点服务业企业

当年新开业的、在重点服务业企业调查行业范围内的，且申报时从业人员在 50 人及以上或全年营业收入预计达到 1000 万元及以上的企业。

新开业企业需提供材料包括：审核登记表；新开业服务业企业申报书（附后）；基本情况表；工商执照复印件；税务登记证复印件；组织机构代码证复印件；截至申报期最近 1 个月的资产负债表复印件、利润表复印件（如没有月度表，则提供最近 1 个季度的报表复印件）。

二、因改制、重新注册、合并或拆分发生变化的原重点服务业企业

企业需提供的材料包括：审核登记表；证明企业变动的有关文件复印件；新企业与原企业的对应关系；原企业同期数如何处理的相关说明；改制等变化产生的新企业的基本情况表、工商执照、税务登记证和组织机构代码证复印件、截至申报期最近 1 个月的资产负债表复印件、利润表复印件。

三、单位名称变更的原重点服务业企业

企业需提供的材料包括：审核登记表；证明企业名称变更的材料。

附：

新开业服务业企业申报书

企业组织机构代码：□□□□□□□□－□

企业名称：＿＿＿＿＿＿＿＿（加盖企业公章）

企业开业时间:20　年　月

附报材料：

1. 基本情况表。

2. 企业工商执照(副本)复印件。

3. 税务登记证(国税、副本)复印件。

4. 中华人民共和国组织机构代码证(副本)复印件。

5. 截至申报期最近 1 个月(季度)的资产负债表复印件。

6. 截至申报期最近 1 个月(季度)的利润表复印件。

本企业依照《中华人民共和国统计法》和国家有关规定，真实、准确、完整、及时地提供统计调查所需的资料，提交材料真实有效。谨此对真实性承担责任。

企业法定代表人签字：

注:1. 手工填写表格和签字请使用黑色或蓝黑色钢笔、毛笔或签字笔，请勿使用圆珠笔。

2. 所有附报材料复印件均需盖有企业及相关部门公章。

附件 3

国家统计局企业一套表调查单位审核工作质量抽查办法（试行）

调查单位增减变动审核作为名录库管理的重要环节，是“四大工程”建设的基础性工作。为确保调查单位的真实性和准确性，进一步提高调查单位增减变动审核工作质量，特制定本办法。

一、抽查目的

检查各省（区、市）统计局企业一套表调查单位审核工作质量，抽查结果作为评估各省调查单位审核数据质量的重要依据。

二、抽查对象

各省（区、市）统计局审核认定的企业一套表调查单位。

三、抽查方式与内容

国家统计局由普查中心牵头，会同政法司、设管司、工业司、投资司、贸经司和服务业司等相关单位，采取定期抽查申报材料和不定期现场核查相结合的方式，统一组织实施企业一套表调查单位审核工作质量抽查。

（一）抽查方式

定期抽查申报材料：月度审核时，普查中心和各专业司分别按一定比例抽取调查单位，检查抽中单位的所有电子申报材料，不合格的单位当期不予核准入库。

不定期现场核查：结合国家统计局数据质量检查和专项巡查等工作安排，在全国范围内随机抽取或有重点地抽取一定数量的单位实施核查工作，核查中发现有问题单位立即撤出调查单位库。

（二）抽查内容

抽查主要内容包括：是否符合统计单位划分规定，是否重复申报，是否当年新建企业，是否达到限额（规模）统计标准等。按月抽查时，还需审核申报材料是否齐全和规范。现场核查时，还需检查企业是否存在且正常经营，基本信息是否准确等。

四、问题的处理

对在抽查和现场核查中发现严重质量问题的省（区、市），国家统计局将暂停其新增调查单位入库。该省（区、市）要对调查单位审核工作进行认真整改，经国家统计局检查同意后恢复其新增调查单位审核入库。

对在抽查和现场核查中发现的虚报单位、虚报规模等统计违法行为，要依照《统计法》等相关规定进行查处。

附录二　企业一套表报表表号编码规则

企业一套表报表分为基层表、综合表和汇总表三种表式。基层表是指由调查单位向各级统计机构报送的报表；综合表是指专业统计报表制度中要求省级统计机构上报综合数据的报表；汇总表是指由本级统计机构自行汇总使用的，不需要向上级统计机构报送的报表。各类报表编码规则如下：

一、基层表

基层表表号由两部分组成，中间用“－”分隔。

(一)第一部分(“－”前)为3位阿拉伯数字。第一位表示基层表的报告期别，编码为：“1”年报，“2”定报；第二、三位表示基层表的调查内容，编码为：“01”调查单位基本情况、“02”从业人员及工资总额、“03”财务状况、“04”生产经营情况、“05”能源和水消费、“07”科技活动、“09”信息化。

(二)第二部分(“－”后)为1－2位阿拉伯数字。当同一调查内容设计为多张基层表时，与第一部分用“－”隔开，按基层表排列顺序编码。

(三)分行业管理的基层表表号，在按上述规则编制的编码前加1位大写英文字母，表示调查内容所属的国民经济行业类别。编码为：“B”工业、“C”建筑业、“E”批发和零售业、“S”住宿和餐饮业”、“X”房地产开发经营业。分行业管理的基层表包括财务状况表、生产经营情况表和信息化情况表。

二、综合表

综合表表号由两部分组成。

(一)第一部分为1位大写英文字母，表示所属的统计专业，编码为：“J”基本单位统计、“I”劳动统计、“B”工业统计、“C”建筑业统计、“E”批发和零售业统计、“S”住宿和餐饮业统计、“X”房地产开发统计、“P”能源统计、“K”科技统计。

(二)第二部分为3位阿拉伯数字。第一位表示报表的汇总期别，编码为：“3”年报，“4”定报；第二、三位为综合表顺序码。

三、汇总表

汇总表表号由两部分组成。

(一)第一部分编码规则同综合表。

(二)第二部分为5位阿拉伯数字。第一位表示报表的汇总期别。编码为：“3”年报，“4”定报；第二位至第五位为汇总表顺序码。

附录三　企业一套表主要元数据代码编制规则

一、国家主要元数据代码编制规则

(一)指标

1. 基层表指标

一套表制度基层表涉及指标由设管司统一整理并编制代码。基层表指标代码共9位，编制规则为：

一级类别代码 (2位) (01—08)	+	二级类别代码 (2位) (00—99)	+	核心指标代码 (2位) (00—99)	+	顺序码 (3位) (000～899)

2. 综合、汇总表指标

各专业数据处理用综合表及汇总表涉及的指标不与基层表指标重复设置。如在基层表指标整理内容中未涵盖的，可以由专业自行增加，并建立与综合、汇总表的映射关系。综合表中已新增的指标，汇总表不再重复增加。新增综合、汇总用指标的审批状态为“准备”。

综合、汇总表指标临时代码共9位，编制规则为：

21(综合表) 51(汇总表) (2位)	+	01(基本单位统计) 02(劳动统计) 03(工业统计) 04(建筑业统计) 05(批发和零售业统计) 06(住宿和餐饮业统计) 07(房地产开发统计) 08(能源统计) 09(科技统计) (2位)	+	顺序码 (5位) (00001～89999)

(二)分组/目录

1. 基层表分组/目录

一套表制度基层表涉及分组/目录由设管司统一整理并编制代码。基层表分组/

目录代码共 4 位，编制规则为从 0001 至 4999 的顺序码。

2. 综合、汇总表分组/目录

各专业数据处理用综合表及汇总表涉及的分组/目录不与基层表分组/目录重复设置。如在基层表分组/目录整理内容中未涵盖的，可以由专业自行增加，并建立与综合、汇总表的映射关系。综合表和汇总表中新增的分组/目录不重复设置。新增综合、汇总用分组/目录的审批状态为“准备”。

综合、汇总表分组/目录临时代码共 4 位，编制规则为：

顺序码 (3 位) (001～899)	＋	5(综合表) 6(汇总表) (1 位)

二、省级主要元数据代码编制规则

省级主要元数据代码要与其编制机构信息结合，以区分元数据的管理机构和管理级别，满足分级管理的需要。

(一)指标

1. 基层表指标

省级新增基层表指标由设计管理部门统一管理并编制代码。新增基层表指标代码共 9 位，编制规则为：

一级类别代码 (2 位) (01～08)	＋	二级类别代码 (2 位) (01～99)	＋	核心指标代码 (2 位) (01～99)	＋	顺序码 (3 位) (901～999)

一级类别、二级类别代码按照指标类别元数据整理中对应的代码编制。其中，列示出的二级类别未涵盖的内容才能归入“其他”，代码为“99”。核心指标代码按照企业一套表统计调查核心指标体系中核心指标对应的代码编制，如核心指标不能涵盖的，代码编制“99”。省级新增基层表指标后 3 位顺序码从 901 开始编制。

2. 综合、汇总表指标

省级各专业数据处理用综合表及汇总表涉及的指标不与国家基层表、综合表、汇总表，以及本省新增基层表指标重复设置。如所用指标在上述内容中未涵盖的，省级各专业可以自行增加，并建立与综合、汇总表的映射关系。省级综合表和汇总表中新增的指标不重复设置。新增综合、汇总用指标的审批状态为“准备”。

省级新增综合、汇总表指标临时代码共 9 位，编制规则为：

21(综合表) 51(汇总表) (2位)	＋	01(基本单位统计) 02(劳动统计) 03(工业统计) 04(建筑业统计) 05(批发和零售业统计) 06(住宿和餐饮业统计) 07(房地产开发统计) 08(能源统计) 09(科技统计) (2位)	＋	顺序码 (5位) (90001～99999)

(二)分组/目录

1. 基层表分组/目录

省级新增基层表分组/目录由设计管理部门统一管理并编制代码。新增基层表分组/目录代码共4位,编制规则为从9001至9999的顺序码。

2. 综合、汇总表分组/目录

省级各专业数据处理用综合表及汇总表涉及的分组/目录不与国家基层表、综合表、汇总表,以及本省新增基层表分组/目录重复设置。如所用分组/目录在上述内容中未涵盖的,省级各专业可以自行增加,并建立与综合、汇总表的映射关系。省级综合表和汇总表中新增的分组/目录不重复设置。新增综合、汇总用分组/目录的审批状态为"准备"。

省级新增综合、汇总表分组/目录临时代码共4位,编制规则为:

5(综合表) 6(汇总表) (1位)	＋	顺序码 (3位) (901～999)

附表:1. 主要元数据编码规则表

2. 企业一套表统计调查核心指标代码

附表1:主要元数据编码规则表

基层表指标			
指标代码(9位)	**对应内容**	**取值范围**	**对应管理级别**
第1～2位码段(2位)	一级类别	01～08	国家、省级
第3～4位码段(2位)	二级类别	00	国家
		01～99	国家、省级
第5～6位码段(2位)	核心指标	00	国家
		01～99	国家、省级
第7～9位码段(3位)	顺序码	000～899	国家
		901～999	省级
综合、汇总表指标			
指标代码(9位)	**对应内容**	**取值范围**	**对应管理级别**
第1～2位码段(2位)	综合表	21	国家、省级
	汇总表	51	国家、省级
第3～4位码段(2位)	专业统计	01～09	国家、省级
第5～9位码段(5位)	顺序码	00001～89999	国家
		90001～99999	省级
基层表分组/目录			
分组/目录代码(4位)	**对应内容**	**取值范围**	**对应管理级别**
第1～4位码段(4位)	顺序码	0001～4999	国家
		9001～9999	省级
综合、汇总表分组/目录			
分组/目录代码(4位)	**对应内容**	**取值范围**	**对应管理级别**
第1位代码(1位)	综合表	5	国家、省级
	汇总表	6	国家、省级
第2～4位码段(3位)	顺序码	001～899	国家
		901～999	省级

附表2:企业一套表统计调查核心指标代码

一级类别	二级类别	核心指标	编码
调查单位基本情况			01
	名称及代码		0101
		单位详细名称	010101
		组织机构代码	010102
	地址及代码		0102
		单位详细地址	010201
		区划代码	010202
	联系信息		0103
		单位负责人	010301
		联系方式	010302
	活动类型		0104
		行业类别	010401
	经济组织及所有权类型		0105
		登记注册类型	010501
		企业控股情况	010502
	隶属情况		0106
		隶属关系	010601
	经营状态		0107
		开业(成立)时间	010701
		营业状态	010702
	会计标准类别		0108
		执行会计标准类别	010801
	单位类型		0109
		机构类型	010901
		单位类别	010902
		资质等级	010903
	产业单位		0110
		产业活动单位数	011001
	其他		0199
从业人员			02
	期末人数		0201
		从业人员期末人数	020101
		在岗职工期末人数	020102
		劳务派遣人员期末人数	020103
		管理人员期末人数	020104
		生产工人及其他人员期末人数	020105
	平均人数		0202
		从业人员平均人数	020201

续表 1

一级类别	二级类别	核心指标	编码
	其他		0299
人工成本			03
	工资		0301
		从业人员工资总额	030101
		在岗职工工资总额	030102
		劳务派遣人员工资总额	030103
		管理人员工资总额	030104
		生产工人及其他人员工资总额	030105
	福利保障		0302
		福利费总额	030201
	其他人工成本		0303
		劳动保护费	030301
	其他		0399
生产经营			04
	生产条件		0401
		生产经营能力	040101
		资产	040102
		流动资产	040103
		固定资产	040104
		折旧	040105
		负债	040106
		流动负债	040107
		所有者权益	040108
	购进		0402
		购进量	040201
		购进额	040202
	生产		0403
		产出数量	040301
		产出价值	040302
	物质消耗		0404
		原材料消耗	040401
		能源消费量	040402
	销售		0405
		销售量	040501
		销售额	040502
	库存		0406
		库存量	040601
		库存额	040602
	其他		0499

续表 2

一级类别	二级类别	核心指标	编码
土地和固定资产支出			05
	土地支出		0501
		土地购置支出	050101
	建筑物资产支出		0502
		房屋和建筑物支出	050201
	机器设备资产支出		0503
		机器设备支出	050301
	其他		0599
科技活动			06
	科技投入情况		0601
		科技活动人员	060101
		科技活动经费支出	060102
		科研用固定资产	060103
		政府科技活动经费	060104
	科技项目情况		0602
		全部科技项目数	060201
	科技机构情况		0603
		企业办科技机构数	060301
	科技产出		0604
		发明专利申请数	060401
		有效发明专利数	060402
		新产品销售收入	060403
	科技相关活动情况		0605
		研究开发减免税	060501
		技术引进支出	060502
		消化吸收支出	060503
	其他		0699
信息化情况			07
	基础设施		0701
		在用计算机数	070101
		拥有网站数	070102
	电子商务		0702
		电子商务采购金额	070201
		电子商务销售金额	070202
	其他		0799
效益及分配			08
	收入		0801
		营业收入	080101
		主营业务收入	080102
		投资收益	080103

续表 3

一级类别	二级类别	核心指标	编码
	成本费用		0802
		营业成本	080201
		主营业务成本	080202
		销售费用	080203
		管理费用	080204
		财务费用	080205
		工业企业成本费用	080206
	利润		0803
		营业利润	080301
		利润总额	080302
	税金		0804
		营业税金及附加	080401
		应交所得税	080402
	其他		0899

附录四 企业一套表“统计管理机构名称及代码”编码办法

根据实施企业一套表统计机构管理调查单位的需要，在国家统计局企业一套表数据采集处理应用环境中设置“统计管理机构名称及代码”，据此分配统计机构管理调查单位的管理权限。为规范管理统计管理机构代码，国家统计局制定统一的编码办法，各地根据需要自行组织编制。

一、编码规则

(一)统计管理级别及代码结构

1. 统计管理级别分为5级，代码由12位阿拉伯数字组成，分为5段。即第1、2位为省级，第3、4位为地级，第5、6位为县级，第7、8、9位为乡级，第10、11、12位为村级。

2. 省及省以下根据管理需要，可以增加地及地以下4级统计管理机构及代码。

(二)编制方法

1. 设置统计管理机构名称及代码

(1)在全国统一部署的数据采集处理应用环境中，以国家统计局“2011年度全国统计用区划名称及代码”为基础，同步设置“统计管理机构名称及代码”。

(2)省及省以下依据本地区统计机构管理调查单位的需要，在数据采集处理应用环境中增加下级统计管理机构，并依据编码规则编制代码。

2. 增加统计管理机构

省及省以下增加4类特殊的统计管理机构。即“直管单位”、“开发区”、“农垦(兵团)”、“其他”。

(1)“直管单位”是指上级统计机构对调查单位实行直接(跨级)管理。如军工企业、上级垂直管理单位等。

(2)“开发区”是指省及省以下统计机构对各级政府批准的开发区实行单独管理。如国家级开发区由省级实行单独管理。

(3)“农垦(兵团)”是指对农垦农场、生产建设兵团等按系统实行单独管理。如黑龙江农垦总局、新疆生产建设兵团等。

(4)“其他”是指以上未包括的内容。

3. 统计管理机构级别代码取值范围

增加的统计管理机构级别代码取值范围为，地级60—89(天津市40—89)、县级60—80(新疆兵团60—80、90—99)、乡级801—899、村级801—899。

4. 编制要求

(1)本级增加统计管理机构需下设一级，并编制相应级别代码。即省级增加地级管理机构，编制地级代码；地级增加县级管理机构，编制县级代码；县级增加乡级管理机构，编制乡级代码；乡级增加村级管理机构，编制村级代码。

(2)增加的统计管理机构为一级管理的，按级别代码取值范围编制代码，其下级统计管理机构级别代码补零；增加的统计管理机构为多级管理的，逐级增加相应的统计管理机构，并按级别代码取值范围编制代码。

(3)各级增加的统计管理机构代码，要在规定的级别代码取值范围内顺序编制代码。

二、代码管理

(一)分级管理

“统计管理机构名称及代码”实行分级管理。省及省以下根据数据采集、审核、汇总等业务管理权限的需要，增加统计管理机构，对国家统计局已设置的“统计管理机构名称及代码”不得修改、删除。

(二)职责分工

省及省以下统计机构名录库管理部门组织专业部门确定增加的统计管理机构，负责编制代码，并在数据采集处理应用环境中增加“统计管理机构名称及代码”，技术支持部门负责技术保障及服务。

附录五　国家统计局办公室关于将从事一套表制度规定业务活动的事业单位纳入联网直报的通知

国统办字〔2013〕33号

为稳步拓展一套表的实施范围，根据《国家统计局办公室关于印发巩固提高和深化拓展“四大工程”工作方案的通知》（国统办字〔2013〕29号）的有关要求，国家统计局决定将符合一定条件的事业单位纳入一套表联网直报。现将有关事项通知如下：

一、纳入一套表联网直报的事业单位需符合下列条件：

（一）符合《企业一套表统计调查制度》关于统计范围的规定，主要从事制度规定的业务活动。

（二）符合《统计单位划分及具体处理办法》（国统字〔2011〕96号）第四条和第五条（二）的有关规定。

（三）实行企业化管理和执行企业会计制度，能够按照国家统计调查制度要求，独立完整地报送有关统计数据。

二、自2013年5月开始，各地、各相关单位根据《国家统计局关于加强和完善企业一套表调查单位审核确认工作的通知》（国统字〔2013〕12号）要求，对符合上述条件的事业单位按照各专业对企业的相同申报要求进行审核。

附录六　跨省分支机构视同法人单位统计审批管理办法

国统办字〔2013〕35号

为统一规范法人单位跨省分支机构视同法人单位统计审批管理工作，根据《国家统计局关于印发统计单位划分及具体处理办法的通知》（国统字〔2011〕96号）（以下简称《通知》）的相关规定，制定本办法。

一、管理范围

（一）符合《通知》第十条规定的法人单位跨省分支机构。

（二）不包括《通知》第十三条规定的垂直管理单位的跨地区分支机构。

二、管理原则

（一）经营地在地统计原则。即符合条件的法人单位跨省分支机构可视同法人单位在其经营地进行统计，以准确反映地区经济和社会发展情况，满足地区国民经济核算需要。

（二）独立完整报送所有统计数据的原则。视同法人单位的跨省分支机构必须能够按照国家统计调查制度对法人单位的报表报送要求，独立、完整地报送包括单位基本情况、人员工资、财务状况、生产经营情况、价格、能源消费、科技、信息化等法人单位应该报送的全套统计数据。

（三）不重不漏的原则。凡视同法人单位独立报送统计数据的跨省分支机构，其上级法人单位的统计数据不得再包括该分支机构的数据。

三、申请与审批

（一）分支机构所在省（区、市）统计局向国家统计局提出申请。

（二）分支机构所在省（区、市）统计局需提交的申请材料：

1. 分支机构所在省（区、市）统计局向国家统计局提出的该分支机构视同法人单位在本地统计的书面请示。

2. 分支机构上级法人单位的营业执照复印件、组织机构代码证复印件以及保证统计数据不重复报送的书面证明材料。证明材料需列明本单位统计数据不再包括该分支机构数据的起始时间，按照不重不漏的原则，将“同期数”调整为与“当期数”一致的口径，同时分支机构在开始报送数据之月起，将上级法人单位分劈的“同期数”随同“当期数”一并报出。如“同期数”不能调整，请说明原因。证明材料需加盖法人印章。

3. 分支机构的营业执照复印件、组织机构代码证复印件、开业时间证明、企业增值税纳税申报表复印件、最近一期的资产负债表及利润表复印件或能够根据统计调查需要提供财务数据的证明材料。

（三）国家统计局设管司负责组织相关单位对申请材料进行审核，于10个工作日内向申请单位反馈书面意见。

（四）若经审批同意某分支机构视同法人单位统计，国家统计局将书面意见抄送该分支机构上级法人单位所在省（区、市）统计局。

四、其他

（一）本办法由国家统计局设管司负责解释。

（二）本办法自发布之日起实施。